GEWAGTES LEBEN

MARTINA KREIDLER-KOS und
ANCILLA RÖTTGER OSC

GEWAGTES LEBEN

800 Jahre Klara und ihre Schwestern

MARTINA KREIDLER-KOS und **ANCILLA RÖTTGER OSC**

HERDER

FREIBURG · BASEL · WIEN

Die Herausgeberinnen:

MARTINA KREIDLER-KOS, Dr. theol., geb. 1967,
Diözesanreferentin der Frauenseelsorge im
Bistum Osnabrück, Lehrtätigkeit an der PTH Münster
im Bereich Theologie der Spiritualität, Autorin,
verheiratet, vier Kinder.

ANCILLA RÖTTGER OSC, geb. 1951, Schwester im
Orden der Armen Schwestern der hl. Klara, Münster.

© Verlag Herder GmbH,
Freiburg im Breisgau 2011
Alle Rechte vorbehalten
www.herder.de

Gesamtgestaltung:
Finken & Bumiller

Herstellung:
fgb · freiburger graphische betriebe
www.fgb.de

Gedruckt auf umweltfreundlichem,
chlorfrei gebleichtem Papier
Printed in Germany

ISBN 978-3-451-33216-6

Impulse: gewagtes leben (S. 11) | gottesreich (S. 41) | gerufen (S. 93) |
spiegelbild (S. 127) | segen (S. 200) alle © Martina Kreidler-Kos

Bildnachweis:

Abbildungen auf dem Umschlag: Vorderseite groß: © akg images |
vorn unten: © Klaus Nelißen, KNA-Bild | © Niklaus Kuster | © Markus Nowak, KNA-Bild |
Rückseite: © Angelika Wißmiller OSF

Abbildungen im Innenteil: John Abela OFM: 90 | Archiv der Herausgeberinnen: 11, 29, 59 |
FG Deutschschweiz / Jacqueline Keune: 128 | kirchensite.de: 136, 155 | Klarissen,
Kevelaer: 123 | Klarissen, Münster: 39, 77, 102, 116, 119 | Klarissen, Poligny: 66 |
Niklaus Kuster OFMCap: 12, 19, 51, 56, 82, 91, 93, 120, 180, 185 | Rita Markaj OSF: 41 |
Tau-AV, CH-Stans: 21, 42, 94, 194, 200 | Angelika Wißmiller OSF: 172, 199 | Sabine Zgraggen: 127

INHALT

ABKÜRZUNGEN

→ 1–4Agn
1.–4. Brief der hl. Klara an die hl. Agnes von Prag

→ Ermen
Brief der hl. Klara an Ermentrudis von Brügge

→ KlReg
Regel der hl. Klara

→ KlTest
Testament der hl. Klara

→ KlSeg
Segen der hl. Klara

→ LebKl
Leben der hl. Klara von Thomas von Celano

→ AgnKl
Brief der hl. Agnes von Assisi an ihre Schwester Klara

→ ProKl
Heiligsprechungsprozess der hl. Klara

→ FormKl
Lebensform für die hl. Klara

→ MahnKl
Mahnlied des hl. Franziskus für Klara

→ 1–2Gl
1. und 2. Brief des hl. Franziskus an die Gläubigen

→ 1–2C
1. und 2. Vita des hl. Franziskus von Thomas von Celano

QUELLEN

E. Grau/M. Schlosser (Hg.), *Leben und Schriften der heiligen Klara von Assisi*, Kevelaer 2001.

D. Berg/L. Lehmann (Hg.), *Franziskus-Quellen. Die Schriften des heiligen Franziskus, Lebensbeschreibungen, Chroniken und Zeugnisse über ihn und seinen Orden*, Kevelaer 2009.

Sr. M. Colette Roussey osc/Sr. M. Pascale Gounon osc, *Regard sur l'histoire des clarisses*, in Italien. hg. von Sr. Laura Teobaldelli/ P. Rino Bartolini ofm, *Nella tua tenda, per sempre*, Assisi 2005.

L. Iriarte, *Der Franziskusorden. Handbuch der franziskanischen Ordensgeschichte.* Altötting 1984.

VORWORT

Als Klara von Assisi an einem Sonntagabend im Frühling des Jahres 1211 alle Brücken hinter sich abbricht und in einer Nacht- und Nebelaktion ihre Heimatstadt für immer verlässt, um ein Leben in den Fußspuren Jesu zu führen, beginnt weit mehr als die individuelle Suche einer jungen Frau nach einer Form für die eigene Berufung. Der Wunsch, arm dem armen Christus zu folgen, zieht von Klaras Herzen aus seine Kreise über die Grenzen des elterlichen Wohnturmes und der Stadtmauern hinweg bis in Nachbarorte, ferne Länder, ja in die ganze Welt – und schließlich weit über ihre Zeit und Vorstellungskraft hinaus. Was diese Frau vor 800 Jahren allein – und wir nehmen an, mit einigem Herzklopfen – anfing, wurde in schwesterlicher Liebe und brüderlicher Solidarität bis in die Gegenwart getragen. Ihr persönlicher Aufbruch mündete in eine lebendige Frauengemeinschaft, die bis heute begeisterte Schwestern und faszinierte Freunde findet. Von Klaras gewagtem Leben und seiner erstaunlichen Wirkung handelt dieses Buch.

Noch bevor die Kirche nur wenige Wochen nach Klaras Tod deren Heiligkeit zu untersuchen aufträgt und Quellen sammelt, lassen die ersten Schwestern selbst ein Interesse an der Dokumentation ihrer Erinnerung erkennen. Wie sie im August 1253 am Lager der sterbenden Klara stehen und sie letzte Worte sagen hören, nimmt eine die andere beiseite und raunt ihr zu: *Du hast ein gutes Gedächtnis, merke dir gut, was uns Klara sagt!* Klara hört das aufmerksam und tröstet: *Von den Dingen, die ich euch jetzt sage, werdet ihr euch so viel merken können, wie der, der mich das sagen lässt, es euch gewähren wird* (ProKl 3,76–78). Sie ist zuversichtlich, Gott selbst wird diesem Aufbruch Sorge tragen. Was davon wertvoll und kostbar ist, wird erhalten bleiben, in Schriften und Erinnerung ebenso wie im gelebten Zeugnis der Gemeinschaft.

Wir haben es 800 Jahre später unternommen, ein Buch zu Ehren Klaras und ihrer Schwesterngemeinschaft zu schreiben. Wir wollen damit an diese Erinnerungsarbeit anknüpfen. Eine kleine Biografie und ein Streiflicht auf die Persönlichkeit Klaras aus heutiger Sicht finden darin ebenso Platz wie neue Erkenntnisse zur Geschichte und Entwicklung ihrer Gemeinschaft. Der Alltag der ersten Schwestern von San Damiano kommt zur Sprache, ebenso der Alltag der Klarissen heute. Franziskanisch-klarianisch inspirierte Menschen aus verschiedenen Gemeinschaften und Lebensformen auf der ganzen Welt runden unsere Spurensuche ab: Sie beleuchten Lebensthemen Klaras aus je eigener Perspektive und Erfahrung – und finden tragfähige Antworten auf Fragen unserer Zeit. An Klara interessierte und von ihr begeisterte Menschen, Neugierige und Erfahrene, finden in diesem Buch fundierte Texte zur Frühzeit, meditative Impulse und Berichte voll Lebenserfahrung und Zukunftshoffnung.

Zeitlebens hat Klara ihren Glauben geteilt, das darin empfundene Glück ebenso wie seine Schwierigkeiten, die Kraft zur Gestaltung, zur Ermutigung und zur Versöhnung. Über ihren Tod hinaus bleibt sie Menschen als Heilige und Fürsprecherin verbunden. Ihre Gemeinschaft hat wirre Zeiten überstanden und lebt gegenwärtig in allen Teilen dieser Erde. Ihr Charisma inspiriert heute neu Frauen und Männer in vielen Lebenszusammenhängen. Wir danken allen, die dies in diesem Buch und nicht zuletzt in ihrem Leben sichtbar machen.

MARTINA KREIDLER-KOS und **SR. ANCILLA RÖTTGER OSC**
Münster, am Palmsonntag 2011

gewagtes leben

zukunft suchen in nacht und nebel
den aufbruch formen
dem fackelschein der freunde vertrauen
geleit im herzen von freundinnen
sehnsüchtig folgen dem geistesruf

heimat finden gemeinsam
in armen kirchen leben
am kreuz das auch dort niemals auszieht
ein offenherziger christus erwartungsvoll
gastfreundlich geborgen und frei

nähe spiegeln wieder und wieder
gott in die welt tragen
den langen atem der liebe
vor freude am himmel nicht lassen

gesegnet sein und es wissen
und sagen
heute noch

MARTINA KREIDLER-KOS

KLARA VON ASSISI

Leben gewinnt Gestalt

PROFIL ENTWICKELN – ZUR GESCHICHTE KLARAS

MARTINA KREIDLER-KOS

In Klaras Lebensgeschichte ist von Einsamkeit nie die Rede. Rein äußerlich mag es nach allem, was wir wissen, überhaupt nur 16 Tage in ihrem Leben gegeben haben, in denen sie nicht dicht umgeben war von Schwestern, Freundinnen und Gefährten. Noch als alte Frau im Sterben kann sie sagen: *Gott, immer hast du mich behütet wie eine Mutter ihr Kind, das sie liebt* (ProKl 3,73). Klara weiß sich zeitlebens geborgen – im menschlichen Miteinander ebenso wie unter himmlischem Schutz.

LEIBLICHE SCHWESTERN UND ERSTE BRÜDER

1193 kommt Klara als erstgeborene Tochter der Adelsfamilie des Herrn Favarone di Offreduccio und seiner Frau Ortulana in der mittelitalienischen Stadt Assisi zur Welt. Um 1195 wird Caterina (später Agnes genannt) und wenige Jahre darauf eine dritte Tochter mit Namen Beatrice geboren. Die Schwestern wachsen wohlbehütet hinter den dicken Mauern des Palazzos in der vornehmen Oberstadt auf. Gemeinsam mit jungen Nachbarinnen und Verwandten erhalten sie eine gute Erziehung und reiche Bildung. Sie sollen einmal gewinnbringend verheiratet werden, eine durch Heiratspolitik gezielte Vernetzung der Adelsclans garantiert stabile Machtverhältnisse in der Stadt.

Dieses Machtgefüge gerät zu Beginn des 13. Jahrhunderts ins Wanken. Die aufstrebende Bürgerschicht, durch Handel reich und erfahren geworden, beansprucht in einer frühen Demokratisierungswelle ihren Platz in städtischer Verantwortung. Die kleine Klara erlebt Krieg zwischen Adelsstand *(maiores)* und Bürgerlichen *(minores)* in Assisi, ihre Familie muss auf Landgüter und ins benachbarte Perugia fliehen. Erst nach dem Friedensschluss von 1203 kann der Adel allmählich in die Stadt zurückkehren, das Bürgertum noch einmal in die Knie zwingend Doch nicht nur außerhalb des familiären Rahmens beginnt sich die Welt zu verändern. Die Töchter selbst durchkreuzen die ehrgeizigen Pläne ihrer Sippe, allen voran die Älteste.

> Schon früh beginnt Klara, sich Gedanken über eine eigene Lebensgestaltung zu machen. Keine unbestimmte Freiheit ist ihr Ziel, sondern ein Leben in der Nachfolge Christi.

Es liegt Erneuerung in der Luft; sensibel und wach atmet die junge Frau diesen spirituellen Aufbruch ein. Nicht mehr der ferne Weltenherrscher, dem auf höchstem Throne Sonne und Gestirne dienen, sondern der nahe Christus, der sich in eine Krippe legen und an ein schändliches Kreuz nageln lässt, fasziniert die gläubigen Menschen. Ihm zu folgen heißt, selbst arm zu werden und in allen Menschen Geschwister zu finden. Der Bürgersohn Francesco di Bernadone (1182–1226) steht wie kein anderer für diese Veränderung. Als hoffnungsvoller Spross der städtischen Tuchhändlerzunft in Assisi vollzieht er eine radikale Wende vom jungen Festkönig zum nachdenklichen Einsiedler: Er verschenkt verschwenderisch Geld, lässt sich mit Aussätzigen ein, restauriert verfallene Kapellen und zieht bettelnd und predigend durch die Dörfer. In einem spektakulären Prozess vor dem Bischofspalast 1206 sagt er sich

schließlich öffentlich von seinem Vater los. Künftig nenne er nur noch einen Vater, den Vater aller Menschen im Himmel. Klara wird über Gerüchte von diesen Ereignissen erfahren haben.

Bald schon schließen sich andere Männer Franziskus an, reiche und gebildete ebenso wie einfache und praktisch begabte. Der mächtige Papst Innozenz III. anerkennt diese ersten Gefährten im Frühsommer 1209 mündlich als Bußbrüderschaft und gibt ihnen die Erlaubnis zur einfachen Bußpredigt. Man muss ihn also dulden, wenn er künftig in die Stadt kommt. Sogar innerhalb der Adelsclans findet er erste Anhänger, Klaras Cousin Rufino etwa, was für erhebliche Aufregung in ihrer Familie gesorgt haben dürfte. Vollkommen inakzeptabel aber bleibt, dass sich eine Frau aus den eigenen Reihen mit ähnlichen Gedanken trägt. Deshalb finden alle Gespräche vor Klaras Entscheidung heimlich und vermutlich auf ihre Initiative hin statt. Die Brüder werden sich nicht mutwillig Schwierigkeiten eingehandelt haben.

AUSBRUCH UND AUFBRUCH

Klara sucht ab Herbst 1210 einen Weg, ihre Berufung zur Nachfolge Christi in Armut tatsächlich zu leben. Sie erkennt eine Chance im Kontakt mit diesen Brüdern. Franziskus zeigt sich offen, überrascht und vorsichtig bereit, der jungen Adeligen zu helfen. Nur wenige Wochen später wird eine Flucht arrangiert. Am Abend des Palmsonntages 1211 bricht Klara aus ihrem Elternhaus, der Heimatstadt und allen familiären Zukunftsplänen aus. Sie findet über den Bischofspalast einen Weg aus der dunklen Stadt, Brüder erwarten sie mit Fackeln, um den Weg in die Ebene zu ermöglichen. Sie feiern gemeinsam ein schlichtes Fest in der Portiunkula-Kapelle, dem Treffpunkt der Brüdergemeinschaft. Es ist die Aufnahme Klaras in den Stand der Büßerinnen.

Die junge Frau setzt erste äußere Zeichen für die innere Entscheidung: Sie tauscht ihre feinen Kleider gegen ein raues Gewand, lässt sich die

Haare scheren und stellt ihren Schmuck zur Verfügung. Künftig wird sie den Spuren Jesu folgen. Doch wie soll es konkret weitergehen? Bei den Brüdern kann sie nicht bleiben, überall wo Männer und Frauen versuchen, gemeinsam ein religiöses Leben zu führen, lauert der Verdacht der Häresie. Im reichen Benediktinerinnenkloster San Paolo delle Abbadesse, wenige Kilometer von der Portiunkula entfernt, findet Klara noch in derselben Nacht einen ersten Unterschlupf.

Wer Brücken abbricht, muss mit den Konsequenzen leben. Klaras Konflikt mit der Herkunftsfamilie bleibt nicht aus, aufgebrachte Abgesandte wollen die Entlaufene unter allen Umständen zurück. Sie versuchen ihr Glück mit List und Versprechungen, und als dies nichts nützt, auch mit Gewalt. Sich an den Altar der Klosterkirche klammernd klagt Klara schließlich das kirchliche Asylrecht dieser Abtei und die eigene Entschiedenheit ein. Die Familie, allen voran der mächtige Onkel Monaldo, muss sich geschlagen geben.

IN VERBUNDENHEIT GERUFEN

Klaras Berufung scheint nach einem eigenen Ort zu verlangen, an dem sie Gestalt gewinnen kann. Brüder geleiten sie wenig später zu einfachen, von ihrer Hände Arbeit lebenden Schwestern bei der Kapelle Sant'Angelo di Panzo an den waldigen Abhängen des Monte Subasio östlich der Stadt Assisi. Doch auch hier findet Klara ihren Platz nicht. Dafür geschieht etwas anderes, das ihrem Leben Richtung gibt: 16 Tage nach Klaras Flucht taucht die jüngere Schwester Caterina in Sant'Angelo di Panzo auf. Auch sie hat ihre Berufung erkannt, einen heimlichen Aufbruch hinter sich und übersteht an der Seite der überglücklichen älteren Schwester nun den zweiten, deutlich gewaltsameren Rückholversuch von Seiten der Familie. Weitere Freundinnen aus dem ehemaligen Wohnturm folgen bald und gemeinsam wird möglich, was Kreise bis in alle Welt und unsere Gegenwart hinein zieht.

Die Frauen versprechen wie die Brüder auch Franziskus den Gehorsam, d.h. sie verpflichten sich seiner Bewegung. Diese schlichte Tatsache wird nicht unumstritten bleiben und erhebliche Konflikte nach sich ziehen. Noch ist als weibliche Berufung nicht denkbar, was Männer schon beginnen zu realisieren: die radikale, gemeinschaftliche Armut.

Sesshaftigkeit, der sich die Frauen zuwenden, und das Angewiesensein auf Almosen dauerhaft zu verbinden, scheint noch ein Ding der Unmöglichkeit.

Die kleine Gruppe wagt dieses Experiment und bezieht eine karge Landkirche vor den Stadtmauern Assisis. Dort in San Damiano leben sie fortan arm und ausgesetzt, die Stille suchend, der Stadt verbunden. Beeindruckt vom gelebten Zeugnis dieser Schwestern verspricht Franziskus ihnen gemeinsam mit seinen Brüdern *immer liebevolle Sorge und besondere Aufmerksamkeit* (FormKl) zu schenken. Damit ist die Lebensform in Armut und stabiler Kontemplation für sie zu verwirklichen, Brüder werden den Betteldienst übernehmen. Die beiderseitige Zugehörigkeit zu einer geschwisterlichen Gemeinschaft wird erstmals greifbar.

IM BLICK
DER GROSSKIRCHE

Es kommen weitere Schwestern hinzu, zumeist adelige Frauen, die Klara aus ihrer Jugend im Wohnturm oder ihrer Exilszeit in Perugia kennen. Brüder tragen die Kunde der Gemeinschaftsgründung in die umliegenden Städte und Dörfer, Gebet und Vertrauen der Frauen strahlen aus. In diesen ersten Jahren wächst San Damiano stetig.

Die Leitung der Gemeinschaft hat anfangs Franziskus inne. Um 1214 aber wird eine andere Lösung dringlich. Er bricht zu einer großen Spanienreise auf und ist nicht sicher, ob er heil zurückkehren wird. Mit dem Anwachsen der Schwesternschar ist es außerdem konsequent, auf interne Kräfte zu setzen. Klara dürfte bei ihrer anfänglichen Weigerung, die Leitung selbst zu übernehmen, weniger von Demut als von der Sorge getrieben gewesen sein, in Abhängigkeit von externen Einflüssen zu geraten. Um eine Absicherung des Herzensanliegens der Gemeinschaft aber kümmert sie sich schnell: Vermutlich erstmals von Papst Innozenz III. ausgestellt, erbittet sie das Privileg, niemals ein Privileg, also Besitz, annehmen zu müssen. Dieses Privileg der Armut hütet sie bis an ihr Lebensende wie einen kostbaren Schatz.

Schon bald rückt San Damiano ausdrücklich in den Blick der Großkirche. Vom Nachfolger Innozenz III. wird der einflussreiche Kardinal Hugolin von Ostia bestellt, die Armutsbewegung in Nord- und Mittelitalien zu unterstützen, zugleich aber in kirchlich anerkannte Bahnen zu lenken. Vor allem die Frage der vielen religiösen Frauengemeinschaften muss er ordnen. Der mächtige Kardinal folgt dabei einer bestechenden Idee, er will einen neuen Frauenorden schaffen. Das IV. Laterankonzil vom November 1215 steckt ihm einen engen Rahmen: Neue Gemeinschaften müssen auf eine alte, bereits approbierte Regel ver-

San Damiano, Assisi

pflichtet werden. Hugolin findet eine diplomatische Lösung. Er verfasst eine neue Ordensregel, die er im Anfangskapitel formal auf die Benediktregel bezieht. Das Neue seiner Konstitutionen besteht im Ideal der strengen Klausur. Nicht einmal ihr Grab sollen diese Klausurschwestern außerhalb der Mauern finden, einzig wenn sie einen Konvent andernorts aufbauen oder leiten, dürfen sie die Klausur wechseln. Jene hugolinischen Konstitutionen entstehen 1218/19. 1220 kommt es zur ersten Begegnung zwischen dem Kardinal und Klara. Er verbringt die Karwoche in Assisi und Stunden in der Gemeinschaft von San Damiano. Tief beeindruckt vom Leben dort plant er Großartiges: Diese Gemeinschaft mit ihrer charismatischen Leiterin möchte er als spirituelles Zentrum seines neuen Ordens gewinnen.

Hugolins Plan kann nicht aufgehen, weil er den entscheidenden Impuls von San Damiano nicht zur Kenntnis zu nehmen bereit ist: die radikale Armut in der Nachfolge Christi. Die von ihm entworfenen Klöster leben von Grundbesitz, nicht vom solidarischen Betteldienst. Gewiss ist die individuelle Konstruktion der Verbundenheit zwischen den Schwestern von San Damiano und den Brüdern bei der Portiunkula auch nicht ohne weiteres zu institutionalisieren. Ein ernster Konflikt bahnt sich an.

EIN VERBÜNDETER AUF ERDEN UND EIN FREUND IM HIMMEL

Im Winter 1224/25 beherbergt San Damiano einen besonderen Gast. Franziskus liegt schwerkrank in einer abgedunkelten Hütte und wird von den Schwestern gepflegt. Sein Sonnengesang, die erste volkssprachliche Dichtung, die bis heute nichts von ihrem klaren, zärtlichen Klang verloren hat, entsteht in dieser geschwisterlichen Nähe. Er hinterlässt den Schwestern außerdem ein eigenes kleines Lied, weil er sieht, wie ihnen die Realität von Krankheit und beständiger Auseinandersetzung um das Armutsideal zu schaffen macht. In der Nacht vom 3. auf den 4. Oktober 1226 stirbt Franziskus in der Portiunkula, sein Leichnam wird über San Damiano feierlich zurück in die sichere Stadt getragen. Die Schwestern sollen in aller Form Abschied von ihrem Freund und Gefährten nehmen können.

Anlässlich der Heiligsprechung des Franziskus im Juli 1228 kommt es zur offenen Auseinandersetzung zwischen Klara und Hugolin. Seit 1227 hat er als Papst Gregor IX. den Stuhl Petri inne. Wieder weilt er in Assisi, wieder sucht er die Schwestern auf. Gregor möchte sein Projekt der neuen Klausurschwestern nun auch an und mit San Damiano vollenden. Auf sein großmütiges Angebot hin, sie von ihrem Armutsgelübde zu befreien, damit sein Vorhaben gelingen kann, stellt Klara mit einer Formulierung, die an Deutlichkeit nichts zu wünschen übrig lässt, ein für allemal klar:

Heiliger Vater, auf gar keine Weise will ich in Ewigkeit von der Nachfolge Christi befreit werden. (LebKl n.14)

Gregor zeigt sich auf seine Weise beeindruckt, im September 1228 erneuert er ihr das Privileg der Armut. Dennoch bleiben Klara weitere Querelen mit diesem Papst nicht erspart. Wann immer sie sich dabei auf Franziskus' Einverständnis bezieht, kann sie nun immerhin himmlischen Einfluss in Anschlag bringen. Doch nicht immer scheint das ausschlaggebend.

Hl. Klara
Tafelbild der hl. Klara (1283, Detail), Basilika S. Chiara, Assisi

Gregors Nonnenpolitik steht und besteht auf drei Säulen: Klausur, Besitz und Exemtion, also direkter päpstlicher, nicht ortsgebundener bischöflicher Aufsicht. Letzteres kann Klara gut akzeptieren, die beiden anderen Punkte werden, wenn sie unauflöslich miteinander verbunden werden, zum Problem. Wo Zurückgezogenheit nur in Weltabgewandtheit und Besitzstandswahrung Gestalt annehmen kann, ist sie nicht in ihrem Sinn.

Deshalb ist für Klara auch eine Trennung vom brüderlichen Teil der Gemeinschaft undenkbar. Als Gregor 1230 in seiner Auslegung der Minderbrüderregel eine solche Trennung vorsieht, indem er die Kontakte zwischen Schwestern und Brüdern seiner Erlaubnis unterstellt, tritt Klara kurzerhand in Hungerstreik und bewirkt die Rücknahme dieser Maßnahme für San Damiano. Sie distanziert sich in den folgenden Jahren mehr und mehr vom Projekt des päpstlichen Frauenordens, der andernorts durchaus Anhängerinnen und Klöster erreicht.

FERNE FREUNDIN UND NAHE SCHWESTERN

Ab 1234/1235 gewinnt Klara eine neue, unerwartet einflussreiche Mitstreiterin jenseits der Alpen. Agnes von Prag (1211–1282), die königliche Tochter des in Böhmen noch einige Jahre mächtigen Geschlechts der Premysliden, tritt 1234 in den von ihr nach dem Vorbild von San Damiano in Prag errichteten Konvent armer Schwestern ein. Klara erfährt vermutlich durch wandernde Minderbrüder, dass diese böhmische Prinzessin sogar einen Heiratsantrag des Stauferkaisers Friedrich II. ausgeschlagen und es vorgezogen hat, den armen Christus zu lieben. Die beiden Frauen wird bis zu Klaras Tod eine Freundschaft in Briefen verbinden, die es ihnen möglich macht, ihre Berufung zur radikalen, kollektiven Armut auch gegen eine machtvolle Politik aus Rom zumindest in den eigenen Gemeinschaften zu verwirklichen.

Vier Schreiben Klaras sind uns vom Briefwechsel mit Agnes von Prag erhalten geblieben. Sie geben uns einen kostbaren Einblick in die tiefe Spiritualität, die politische Wachsamkeit und nicht zuletzt in die Empfindungskraft dieser besonderen Frau.

Die durch ihre Herkunft politisch erfahrene und weltgewandte Agnes startet bereits in den dreißiger Jahren ein erstes Regelprojekt, von San Damiano inspiriert, mit Klara im Austausch. Es müsste möglich sein, aus eigener Erfahrung und Einsicht eine Lebensform für Frauen zu verfassen, die dem genuinen Anliegen dieser Berufung Rechnung trägt. Papst Gregor IX. stoppt ihren Vorstoß. Er erklärt sowohl Prag als auch San Damiano für seinem Klosterverband zugehörig und wünscht keine weiteren Eigeninitiativen. Aus Klaras drittem Brief an Agnes wird erkennbar, wie schwer diese Absage die königliche Schwester getroffen hat. Er zeigt aber nicht minder, wie unbeirrt Klara an der gemeinsamen Berufung festhält Während dieser Jahre zieht die Gemeinschaft weiter Kreise, mittlerweile sind auch Klaras Mutter und ihre jüngste Schwester Beatrice in San Damiano eingetreten. 1238 zählt die Gemeinschaft vor den Toren Assisis bereits fünfzig Schwestern. Viele von ihnen sind bereit, auch andernorts Verantwortung für ihre Berufung zu übernehmen. Mit den Konventen im benachbarten Spello etwa oder in Arezzo stehen sie in engem persönlichen Austausch. Agnes von Assisi hatte San Damiano schon in den zwanziger Jahren verlassen und bis kurz vor ihrem Tod im Herbst 1253 einer anderen Gemeinschaft vorgestanden.
Unter der Trennung leidet die Jüngere sehr, und auch Klara scheint die Nähe der Schwester zeitlebens zu vermissen. Denn als sie im August 1253 im Sterben liegt, mag sie ohne Agnes nicht mehr sein. Ungeachtet aller Klausurbestimmungen ruft sie die Schwester an ihr Sterbebett zurück. Immer wieder sind in Klaras Biografie Momente solch ungebrochener Treue zu finden.
Agnes von Prag bleibt sie bis an ihr Lebensende in einer immer tiefer empfundenen Freundschaft verbunden, von ihrer immerwährenden Bezug-

nahme auf Franziskus ganz zu schweigen. Ein unerwartetes Beispiel mag auch ihre Treue zu dem unter den Minderbrüdern umstrittenen Generalminister Elias von Cortona sein (2Agn 15–16 und AgnKl 6). Sie und auch ihre Schwester Agnes müssen Elias als wichtige Stütze ihrer Lebensweise erfahren haben, als einen, dessen Rat teurer zu schätzen ist als jedes Geschenk.

GEREIFTE ERKENNTNIS UND UNGEBROCHENE TATKRAFT

Dass San Damiano bei aller Zurückgezogenheit nicht in einer eigenen, isolierten Welt lebt, bewahrheitet sich für viele Menschen hoffnungsvoll, die mit Anliegen und Krankheiten an die Klosterpforte kommen und Trost und Heilung mit nach Hause nehmen. Die Schwestern leben ihrerseits von der Zuwendung und Nahrung der Menschen. Einmal allerdings zeigt sich ihre Zugehörigkeit zum ganz normalen Leben auch auf ganz erschreckende Weise. Kaiserliche Truppen mit sarazenischen Söldnern belagern Assisi. An einem Freitagvormittag im September 1240 dringen diese Angreifer bis in das Kloster ein. Die Schwestern bangen um Leib und Leben. Klara übernimmt noch in diesem bedrohlichen Moment alle Verantwortung für ihre Berufung und die Gemeinschaft – und ihr Vertrauen in Gott kann die Schwestern retten. Als im Jahr darauf der kaiserliche Heerführer die Belagerung der Stadt abbricht, schreibt man diese Befreiung ebenfalls dem Gebet der Schwestern zu.

Das Leben hinterlässt vielfältig seine Spuren in San Damiano: Die Hoffnung vieler kranker Menschen und die Solidarität mit der Stadt sorgen für Kontakte, die Zusammengehörigkeit mit den Brüdern für regen Austausch und die Auseinandersetzungen mit päpstlicher Politik reißen auch unter Gregors Nachfolger Innozenz IV. nicht ab.

1247 verfügt dieser neue Papst von Frankreich aus erneut eine Regel, in der Hoffnung, die mittlerweile so verschieden ausgerichteten Frauengemeinschaften nun endlich zu einen. Die hugolinischen Konstitutionen in modifizierter Form machen diese Frauen rechtlich zu Franziskanerinnen, Armut ist in ihren Gemeinschaften nun ausdrücklich nicht mehr vorgesehen.

Spätestens in diesen Monaten der neuen Regelgabe klärt sich für Klara, dass sie die Sache selbst in die Hand nehmen muss. Vermutlich drückt sie die jahrelange Erfahrung mit päpstlicher Nonnenpolitik, vermutlich spürt sie auch die eigene Endlichkeit, die eine Lösung für San Damiano jenseits ihrer Person notwendig macht. So nimmt sie den Jahre zuvor gemeinsam mit Agnes von Prag gesponnenen Faden eines eigenen Regelprojektes wieder auf. Es ist dies ein mutiger Akt, bislang existieren kirchlich anerkannte Regeln für Frauengemeinschaften nur in modifizierten Formen männlicher Regeln. Außerdem kann Klara kaum auf Zustimmung aus Rom hoffen, hatte Innozenz IV. diese Angelegenheit doch gerade neu für geregelt erklärt.

Klara verfasst allen Bedingungen zum Trotz eine eigene Lebensform. Sie stützt sich dabei auf bewährte Vorlagen, allen voran die bullierte Regel des Franziskus leistet gute Dienste und auch die päpstlichen Regeln enthalten so manches, was hilfreich ist für die Organisation des *Ordens der Armen Schwestern* (KlReg 1, 1). Dies ist der Name, für den Klara sich entscheidet. Der Begriff »Klausur« taucht weder im Titel der Gemeinschaft noch in der Regel selbst auf. Das einzige *Claustrum*, das sie kennt, ist der eigene Leib, die eigene Seele, die Christus beherbergt (3Agn 19).

Klara komponiert kunstvoll diese Regel, in deren Mitte sie in fast poetischer Sprache die Armut einfügt: Sie überliefert uns auf diese Weise die älteste Schrift des heiligen Franziskus, das in einem Satz verdichtete Staunen über die freiwillige und entschiedene Wahl eines *Lebens nach der Vollkommenheit des heiligen Evangeliums* (KlReg 6, 3). In den allerersten Monaten um 1212 von Franziskus für San Damiano verfasst, ist diese Lebensform Klara immer Richtschnur gewesen. Keine detaillierten Regelungen haben die Gemeinschaft all die Jahre begleitet und geformt, sondern das konsequente Bekenntnis zur radikalen Armut und liebevollen Kontemplation.

Klaras Leben ist schon seit 1224 geprägt durch immer wiederkehrende Krankheitsschübe. Möglicherweise litt sie an einer Form von Rheuma oder aber an Auswirkungen der Tuberkulose, einer infektiösen Krankheit, die in vielfacher Weise die Wirklichkeit von San Damiano bestimmte.

Weiterhin dürfte die rigorose Askese ein Übriges zur Gefährdung ihres Gesundheitszustandes beigetragen haben. Dennoch sind in ihrem Leben bis zum Schluss gesunde Phasen erkennbar, 1247 etwa passiert ein Unfall, die Haustür stürzt beim Verriegeln auf Klara, lässt sie aber Gott sei Dank unverletzt. Dieser Unfall zeigt an, dass sie bis ins Alter hinein auf den Beinen war und gewöhnliche Alltagsarbeit in der Gemeinschaft verrichten konnte. Um 1250 aber ist Klara schwerkrank, die Schwestern äußern Anlass zur großen Sorge, sie könne sterben. Ihr letztes Weihnachtsfest etwa kann sie nicht mehr mit allen gemeinsam in der Kapelle feiern.

Die fast Sechzigjährige ist klug genug zu wissen, dass eine Ordensregel der kirchlichen Anerkennung bedarf, wenn sie Gültigkeit haben soll für zukünftige Generationen. Diese Anerkennung erhält Klara für ihre Regel zwar schon im Herbst 1252, doch erst aus den unteren Chargen, nämlich vom zuständigen Kardinalprotektor Rainald von Jenne. Ihr aber ist klar, dass der Papst selbst seinen Segen dazu geben muss.

Bis zum Schluss zeigt Klara jene ihr eigene Beharrlichkeit, den langen Atem der Liebe:

Ihre und der Schwestern Berufung, die von Anfang an so heftig umstritten war, hat sie sich niemals ausreden lassen, weder von der Familie noch von skeptischen Brüdern oder wohlmeinenden Päpsten. Sie hat allen Anfragen Stand gehalten, nun steht sie auch am Ende noch und öffentlich für diese Lebensform ein.

Innozenz IV. kehrt nach dem Tod Kaiser Friedrichs II. aus dem französischen Exil nach Italien zurück und lässt sich im Winter 1251 in Perugia nieder. Eine päpstliche Bestätigung ist sozusagen in greifbare Nähe gerückt. Da Klara aber immer noch nicht weiß, ob ihr Anliegen tatsächlich Gehör und ihre Lebensform höchste Anerkennung findet, verfasst sie in den letzten Lebensmonaten ein Testament, indem sie die eigenen Schwestern, aber auch verbundene Brüder und wachsame Kurienmänner beharrlich auf die Treue zur Armut verweist. In diesem Testament taucht auch bei ihr, ähnlich wie bei Franziskus, die Armut ausdrücklich als Person, als Schwester auf. Wenn sie die Armut bereits um 1235 in ihrem ersten Brief nach Prag in einem Gedicht besungen hat – *o selige Armut, o heilige Armut, o gottgefällige Armut* (1Agn 15.16.17) –, so nennt sie sie im Testament endgültig: *unsere heiligste Herrin* (KlTest 9).

> Klara lässt keine, nicht einmal die frömmsten Zweifel aufkommen: Unter allem, was Gott den Schwestern an Güte, Gnade und Zuwendung Tag für Tag geschenkt hat, ist das größte und vollkommenste Geschenk dies eine: *unsere Berufung.* (KlTest 2)

Ihr, der in der Armut grundgelegten Verbundenheit mit Gott, der sich selbst arm gemacht hat, sind und bleiben die Schwestern bedingungslos verpflichtet.

Um den Jahreswechsel 1253 geht es dem Ende entgegen. In den Frühlingsmonaten hat Klara Agnes, die leibliche Schwester und Stütze des Anfangs, nach San Damiano zurückgerufen, in dieser Zeit schreibt sie ihren Abschiedsbrief nach Prag. Von April 1253 an residiert Innozenz IV. für einige Monate in San Francesco in Assisi. Klaras Biograf berichtet von einem ersten Besuch dieses Papstes in San Damiano im Mai 1253. Anfang August spitzen sich die Ereignisse dramatisch zu: Klara liegt im Sterben, ununterbrochen weilt wenigstens eine Schwester an ihrem

Lager. Auch auf die Nähe vertrauter Brüder und Gefährten des Franziskus will sie in diesen letzten Stunden nicht verzichten. Im Schlafsaal von San Damiano herrscht eine dichte, von reichen Visionen und guten Worten gehaltene Atmosphäre. Schwester Tod, wie Franziskus in seinem Sonnengesang formuliert hat, darf eintreten. Die Regel aber ist noch immer nicht approbiert.

Der Papst besucht die Sterbende in diesen letzten Lebenstagen, vermutlich ist es ihre zweite Begegnung. Und diese verändert ihn. Wenn er zuvor, wie schon sein Vorgänger, der Meinung gewesen sein sollte, diese Angelegenheit ließe sich aussitzen, so bleibt ihm nun, da er sich beeindruckt zeigt, keine Zeit mehr. Er erklärt sich unverzüglich bereit, die Regel Klaras anzuerkennen. Der Ort, an dem sie entstanden ist, die Gemeinschaft, unter der sie gereift ist, und die Frau, die mit ihrem Leben bereit war, dafür einzustehen, müssen ihn tief berührt haben. Am 9. August bestätigt Innozenz die Regel im provisorischen, aber rechtsgültigen Eilverfahren. Am 10. August trägt ein Bruder die Bulle von San Francesco nach San Damiano. Klara soll sie geherzt und geküsst haben. Am darauffolgenden Tag, es ist Montag, der 11. August 1253, stirbt Klara am Nachmittag im Kreise ihrer Schwestern. Was sie auf Erden tun wollte, hat sie getan.

IM NACHGANG

Am nächsten Tag wird Klara in der Kapelle von San Damiano aufgebahrt. Wieder ist Papst Innozenz zugegen, gemeinsam beten alle, seine kurialen Begleiter, Schwestern und Brüder das Totenoffizium. Innozenz kann nur mit Mühe von Kardinal Rainald davon abgehalten werden, Klara ad hoc heiligzusprechen, so überwältigt scheint er von ihrem Licht.

Bald darauf wird ihr Leichnam in die Stadt überführt. Klara findet ihr vorläufiges Grab in der Kirche San Giorgio, in der Franziskus einst lesen lernte und selbst aufgebahrt blieb, im gleichen Grab. Wenige Schwestern bleiben dort, um es zu hüten. Ab 1257 wird an diesem Ort eine Basilika zu Ehren Klaras erbaut. 1260 ziehen alle Schwestern dorthin um, ins neue, bis heute bestehende Protomonastero.

Ein Heiligsprechungsverfahren kommt schnell in Gang. Bischof Bartholomäus von Spoleto wird im Oktober 1253 beauftragt, Klaras Heiligkeit zu untersuchen. Im November findet eine breite Zeugen- und vor allem Zeuginnenanhörung in San Damiano und in Assisi selbst statt. Fünfzehn Schwestern werden eingeladen, ihre Erinnerungen zu Protokoll zu geben, außerdem Klaras Jugendfreundin und einige Männer des Hauses und der Nachbarschaft, die sie als Kind kannten. Das Ergebnis ist eindeutig und macht unter den gläubigen Menschen längst schon die Runde. Nur zwei Jahre nach ihrem Tod, im August 1255, kann der einstige Kardinalprotektor Rainald, seit kurzem Papst Alexander IV, Klara in Anagni feierlich heiligsprechen. Damit ist sie aufgenommen in den Kanon all derer, deren Leben bei Gott aufgehoben fest geglaubt werden kann.

Protomonastero Santa Chiara, Assisi

GESICHT ZEIGEN – ZUR PERSÖNLICHKEIT KLARAS

ANCILLA RÖTTGER OSC

Wer war Klara? Wer war dieser Mensch, der all dies bewirkt hat, der in all dem bestehen konnte? Die Frage nach Klaras Persönlichkeit ist ein Versuch, in den Quellenaussagen quasi ihre Wesenszüge und ihr lebendiges Lächeln zu entdecken.

»Strukturierte Gesamtheit einfacher oder komplexer seelischer Einzelbefunde, Eigenschaften«, so definiert ein psychologisches Wörterbuch die *Persönlichkeit* des Menschen. Nach 800 Jahren diese Gesamtheit im Blick auf die heilige Klara sehen zu wollen, ist gewagt. Doch zumindest könnte der Versuch, die Quellen so noch einmal neu und nur auf ihre Persönlichkeit hin zu lesen, einen ungewohnten Blick auf sie ergeben und vielleicht für manche ihrer Reaktions- und Handlungsweisen auch andere Deutungsmöglichkeiten zulassen.

Wie ein Mensch sich entwickelt, welchen Weg er wählt und welches Lebensthema er für sich benennt, liegt zum Teil in ihm selbst begründet. Wenn ein Mensch geboren wird, so findet er sich in einem sozio-kulturellen System vor. Da ist eine bestimmte Familie an einem Ort in einer gegebenen Landschaft mit dem jeweiligen Kulturgepräge zu einer bestimmten Zeit. Doch innerhalb dessen, was das Kind vorfindet, beginnt es mit der ihm eigenen *schöpferischen Kraft* seine ureigenste Rolle zu entwickeln.

Zu den Grundbedürfnissen des Kindes zählt, dazuzugehören und einen eigenen Beitrag zu leisten. Mit dieser schöpferischen Kraft, die jedes Kind mitbringt, stellt es die ganz eigenen Fragen an das Leben, wählt es das spezielle Lebensthema. Kinder der gleichen Familie entwickeln völlig unterschiedliche Rollen, da einerseits der Blick des Kindes auf die Gegebenheiten, in denen es sich vorfindet, sehr individuell ist, so wie auch die Bewertung des Wahrgenommenen und des Erfahrenen; und zum anderen sind für ein später geborenes Kind schon einige Rollen besetzt durch seine Geschwister. Nicht unwichtig für die Persönlichkeit eines Menschen ist auch der Ort, an dem er geboren wird, die Landschaft, in der er heranwächst. Nehmen wir diese Grunddaten einmal für Klaras Geschichte in den Blick.

ASSISI

Das umbrische Bergstädtchen Assisi, in dem Klara 1193 geboren wurde, liegt am Südabhang des gewaltigen Bergmassivs Monte Subasio. Umbrien, geprägt von ausgedehnten Bergrücken mit Weideflächen und Ackerbau, ist die einzige Region Italiens, die weder eine Meeresküste noch eine Grenze zu einem Nachbarland hat. Im Norden und Westen wird Assisi begrenzt durch das tief in den Berg eingeschnittene Tal des Tescio, süd- und ostwärts liegt vor der Bergstadt die fruchtbare umbrische Ebene, über die Klara aus dem Wohnturm ihres Elternhauses neben der Kathedrale San Rufino weithin schauen konnte. Weitblick und Überblick wird in Klaras Lebensgestaltung immer wieder erfahrbar. Als Mensch lebt sie in ihrer Kindheit und Jugend »oben«. Der freie Blick wird nicht begrenzt durch Mauern, nicht durch Armut, nicht durch Not. Die Quellentexte sprechen kaum vom Vater Favarone. Im Heiligsprechungsprozess erzählt nur Pietro di Damiano, dass er Favarone gekannt habe, *der adlig war und angesehen und mächtig in der Stadt* (ProKl 19,3). Er erwähnt ihn auch im Zusammenhang damit, Klara zu einer Heirat zu bewegen (ProKl 19,8). Dennoch ist an keiner Stelle auf Klaras Weg seine Präsenz erfahrbar. Auch von Brüdern ist keine Rede. Eine stärkere Rolle nimmt die Mutter Ortulana ein. Scheinbar gibt es in der Kindheit keine männlichen Konkurrenten, wodurch mehr Freiraum bleibt, das Weibliche zu gestalten, was durch Ortulana stark und positiv besetzt auftritt.

Klara ist selbständig und mutig, mit einem ausgeprägten Freiheitsdrang ausgestattet. Was meist dem männlichen Prinzip zugeschrieben ist, delegiert sie nicht an Männer, sondern integriert es in die eigene Person und lebt es. Es genügt, an ihren Ausbruch aus dem Elternhaus nachts allein im Alter von 18 Jahren zu denken. In ihrer Sehnsucht nach Zugehörigkeit zum Orden der Minderbrüder schwingt ein Hauch von Partnerschaftlichkeit mit: Sie will nicht einfach Betreuung, sondern Schwester dem Bruder sein, und sie will, dass es umgekehrt auch so ist.

Offensichtlich bahnt sie sich lieber selbst einen Weg, als dass sie von irgendjemandem über sich verfügen ließe. Eigenständig sucht sie den Willen Gottes, dem allein sie sich unterordnen will. Dabei wählt sie Franziskus als Ratgeber, nicht den Bischof. Später wird Kardinal Hugolin auch als Papst Gregor IX. sich die Vaterrolle nehmen wollen, doch Klara hat sie, wenn überhaupt, schon an Franziskus vergeben, an einen, der ganz untypisch diese Rolle ausübt, sie nie haben, sondern eher das Mütterliche einbringen wollte. Er wollte nie Vater genannt werden, und es ist nirgendwo festgehalten, ob Klara ihn so ansprach. Aber nach seinem Tod nennt sie ihn nur noch Vater – und setzt ihn dem päpstlichen Vater entgegen. Ihr freimütiger Kampf mit den kirchlichen Amtsträgern könnte auch hier seine Wurzeln haben. Sie scheint das Männliche nie als tragend erlebt zu haben. So lehnt sie die Begrenzung, die Frauen damals normalerweise erfahren, ab und lässt sich auch nicht von den Kirchenmännern in Bahnen leiten, die ihren eigenen Plänen zuwiderlaufen. Mehr noch: Sie ruft die Königstocher in Prag direkt zum Widerstand gegen Autoritäten jeglicher Art auf, wenn es der Weisung Gottes zuwider sein sollte (2Agn 15–17).

Adelig von Geschlecht, aber noch adeliger durch die Gnade, eine Jungfrau dem Fleische nach, dem Geiste nach ganz keusch, an Alter noch ein Mädchen, aber an Geistesreife eine Greisin, standhaft im Vorsatz und in Gottesliebe brennend vor heißem Verlangen. Mit Weisheit begabt, durch Demut ausgezeichnet: Klara dem Namen nach, durch ihr Leben noch klarer, war sie am klarsten durch ihren Tugendwandel (1C 8,18), so zeichnet Thomas von Celano, ihr zeitgenössischer Biograf, ihre Person, und er hat keineswegs übertrieben.

Manches weist auf diese adelige Herkunft zurück: Klara war gebildet, sprach in ihren Briefen eine poetische Sprache und liebte gebildete Predigten (ProKl 10,27; LebKl n.37). Sie war hellwach und nahm wahr, was sich auf der politischen (1Agn 5) und kirchenpolitischen Ebene abspielte, woran oft genug der Adel beteiligt war. Handarbeitend – selbst krank im Bett – setzt sie auf ihre Art die Beschlüsse des 4. Laterankonzils zur Verehrung der Eucharistie um.

Sie weiß Kostbarkeiten und Schönheit zu erkennen und zu würdigen (ProKl 6,40 u. a.; 1Agn 3–11; 4Agn 10–40; 3Agn 16). Kostbare Stoffe spielen in Klaras Geschichte in mancherlei Hinsicht eine Rolle. Sie haben vor allem für jemanden Wert, der von seiner Herkunft her einen Sinn für weltliche Kostbarkeit hat. Auch war diese Frau offensichtlich vertraut mit Schönheitspflege vor dem Spiegel (4Agn 15–17).

Klara wählt – wie es oft Erstgeborene tun – als Kind die Rolle der Verantwortungs- und Pflichtbewussten, so erfahren wir von ihren Schwestern (z.B. ProKl 1,40 u. ö.). Als *kluges junges Mädchen* (ProKl 17,12) wird sie von ihrer Jugendgefährtin Bona beschrieben. Klug auch später in der Verfolgung ihrer Ziele, konsequent und im Widerstand erprobt, was sich schon beim Verkauf ihres Erbes gegenüber der Familie zeigt. Sie weiß, was Menschen nach unten zieht und ihr Gemüt verdunkelt (3Agn 10) und gibt ausgewogenen Rat, wo er gefragt ist (3Agn 40–41). Dabei ist sie ausgesprochen entscheidungsfreudig und entscheidungsschnell. Wankelmut ist an ihr

nirgends zu entdecken: Sie bleibt ein Leben lang bei dem, für das sie sich entschieden hat. Zu dieser entschiedenen Zielstrebigkeit möchte sie auch andere hinführen (2Agn 10.14). *So schnell sie konnte*, machte sie sich auf in die Welt der Nachfolge Christi, sagen ihre jüngste Schwester Beatrice (ProKl 12,5) und einer ihrer Heiratsanwärter, Herr Ranieri (ProKl 18,16), der noch dazu betont, dass *die Verwandten es auf gar keine Weise schafften, sie zurückzuholen* (ProKl 18,17).

Klara selbst wie auch ihre Mutter haben den Schwestern von der Prophezeiung erzählt, die Ortulana vor Klaras Geburt erfuhr (LebKl n.2; ProKl 3,91–92; 6,34–35). Dieses Verheißungswort an die Mutter, das Klara ihren Namen gab, kann von Kindheit an auf ihr gelegen haben, als Gewissheit und als Auftrag, und von daher ihre Entschiedenheit mit erklären.

Weil (oder obwohl?) sie in ihrer Jugend das Männliche also möglicherweise als abwesend erfahren hat, sucht sie keine männliche Autorität, sondern lebt ihre eigene natürliche Autorität. Standfest in der klaren Überzeugung ihres Weges, ist sie sich offensichtlich ihrer eigenen Autorität bewusst. Schon als 17-jährige lehnt sie nicht nur die wiederholten Heiratsanträge des Herrn Ranieri ab. Sie versucht sogar im Gegenzug, ihn für die Nachfolge Christi zu gewinnen (ProKl 18,11). Sie ist es, die ihre Jugendgefährtin Bona verschiedene Male *schickt* (ProKl 17,18), und Bona lässt sich offensichtlich schicken.

Sie war bestimmend in ihrer Art, tat die Dinge lieber schnell selber, als sie anderen aufzutragen, ließ nicht zu, dass über irgendwelche unwichtigen Dinge geredet wurde, sondern lenkte alle Gespräche auf Gott. Was nicht heißt, dass sie das Wort »Gott« ständig im Mund führte, wie viele Zitate widerlegen würden. Was gesprochen wird, muss dem Leben dienen und darf nicht Geschwätz sein. Darin war sie konsequent und kannte keine Ausnahmen, wie die Schwestern bezeugen.

Offensichtlich besaß Klara eine natürliche Führungskraft. Sie erkannte die Richtung, in die sie zu gehen hatten, und sie hielt auch für die anderen an dieser Richtung fest. Viele der Schwestern erzählen, dass Klara sie im Gespräch dazu gebracht hatte, in die Gemeinschaft einzutreten. Klara ist von ihrem eigenen Weg überzeugt und sieht ihn als Heilsweg auch für andere. In großer Hellsichtigkeit erkennt sie in den anderen das Potential für diesen Weg oder auch, wo es fehlt, wie bei einer der fünf Frauen, die Franziskus zu ihr schickt (ProKl 6,45–47). Immer wieder weisen die Schwestern darauf hin, dass sie unermüdlich war im Gebet, im Einsatz für die anderen, sanft ermutigte und zurechtwies. Und faszinierend: Zweimal wird eigens darauf hingewiesen, dass sie zu Veränderungen fähig war (ProKl 12,18; 13,15). Dabei war das Kriterium der Veränderung, ob sie es als im Sinne Gottes erkannte. Offensichtlich setzt Klara sich nicht in der Form fest, sondern ist fähig, die gefundene Gestalt immer neu an der Intention in der je anderen Situation zu überprüfen. Orientierung ist nicht die Treue zum Buchstaben, sondern der innere »rote Faden«, den sie nicht verlieren will.

Unterweisung gehört auch zum Führen: Sie tat es einerseits durch das Vorleben, denn die Schwestern sind voll von dem Beispiel, das sie gab. Aber sie lehrte auch ausdrücklich aus ihrer eigenen geistlichen Erfahrung heraus, worum es ihr ging (ProKl 11,10–12). Sie lehrte sanft, mit Wohlwollen, und wies achtsam zurecht (ProKl 6,13).

Unverkennbar besaß Klara eine starke Selbstdisziplin. Als ausgeglichen beschreiben die Schwestern sie, nie aufgebracht. Also nicht herrschend war sie, sondern sie konnte sich zurücknehmen, wie es Beatrice ausdrücklich erwähnt (ProKl 12,19). Davon sprechen auch ihre Briefe an Agnes von Prag. Selbst wenn sie krank zu Bett lag, richtete sie sich nachts zum Beten auf (ProKl 14,5). Eine gesunde Distanz zu sich selbst wird spürbar. Als einmal eine Schwester ihr die Füße wäscht und anschließend das Wasser trinkt, schüttet Klara es weg, um – so möchte man ergänzen – solchem

Unsinn ein Ende zu setzen. (ProKl 10,49). Hier erkennt man einen pragmatischen Zug an ihr.

> Distanz zu sich selbst beinhaltet oft auch Humor, den Klara gehabt haben muss, wenn man an die »schnellen« schlagfertigen Antworten denkt, die sie dem Versucher gab und die ihn völlig *verwirrten* (LebKl n.19). Sie war *immer fröhlich in Gott*, sagt Filippa (ProKl 3,17); das klingt danach, dass sie offen für die Freude war, vor allem für die Freude an den anderen, die sie auf einem guten Weg zu Gott sah (3Agn 3–10).

Ein immer wiederkehrendes Attribut ist Anspruchslosigkeit. Das nennt Balvina das Wunderbare an Klara (ProKl 7,29) und auch Beatrice zählt es zu dem, was Klaras Heiligkeit ausmacht (ProKl 12,19).

DIENENDE

Klara dient. Sie wäscht den Schwestern, die von draußen kommen, die Füße, bringt Wasser zum Händewaschen und wäscht die Krankenstühle (ProKl 1,36 u.ö.). Sie deckt die Schwestern nachts bei Kälte zu und sorgt für sie. Wenn eine Schwester eine schlechtere Tunika hat als sie, tauscht sie – Sorge für die Schwester oder persönlich gelebte »höchste Armut«? Denkt man an ihre Selbstbestimmtheit und ihr großes Einfühlungsvermögen, ist zu vermuten, dass es sowohl ums Dienen geht wie auch darum, zu tun, was dran ist. Eventuell hat sie einen leichten Hang zum Perfektionismus: alles besonders zu tun, was dann beide Motivationen mischt, eben den anderen zu dienen und sich um die eigene Vollkommenheit zu mühen, was allerdings die Tugend nicht mindert. Als sie nach einer Fußwaschung den Fuß der Schwester küssen will, zieht diese ihn schnell weg und stößt Klara an den Mund. Klara *freut sich,* heißt es, also: Sie lacht – und drückt einen Kuss auf die Fußsohle, was noch einmal für Humor spricht (ProKl 10,18).

Ihre Selbstdisziplin macht sie nicht unpersönlich, im Gegenteil. Sie hat Mitgefühl mit den anderen und weint mit ihnen. Gefühlsmäßig stark berührt, hatte sie keine Scheu, ihre Gefühle zu zeigen, auch z. B. beim Kommunionempfang. An dem, was ihr in geistlicher Erfahrung zu sehen geschenkt wurde, lässt sie andere teilnehmen (z. B. ProKl 4, 60). Sie hatte auch Mitgefühl mit sich selbst und kann über ihren Zustand seufzen (ProKl 3,100; LebKl n.29), wie sie auch andeutungsweise zu erkennen gibt, dass es auch Gott gegenüber unerfüllte Wünsche in ihr gibt (LebKl n.31).

Auf Gemeinschaft war sie bezogen und so lebte sie auch. Immer waren einige Schwestern bei dem, was Wunderbares geschah (ProKl 13,23–27); nie geschah es im geheimen Kämmerlein. Ihr Einfühlungsvermögen überwand sogar räumlichen Abstand wie bis nach Prag (1 + 2Agn). Zugleich kannte sie den intimen Raum des Trostes, wenn sie Einzelne unauffällig zu sich rief (ProKl 10,12).

> Am Ende ihres Lebens ist Klara zu einer großen Freiheit der Liebe herangereift, in der sie offen Zuneigung schenkt und empfängt. (4Agr)

Wie sie auf die Gemeinschaft der Schwestern ausgerichtet war, so war sie geöffnet für die ganze Schöpfung. Die Schwestern, die draußen einen Dienst verrichteten, forderte sie auf, das Schöne zu sehen und Gott dafür zu loben – seien es Pflanzen, Menschen, Tiere (ProKl 14,37–38). Sie weiß sich auf der Seite der Geschöpfe vor Gott und spricht mit den Tieren wie Franziskus (ProKl 9,53).

GESPÜR FÜR NOT UND HEILUNG

Die meisten Wunder, die Klara wirkt, beziehen sich auf die Gemeinschaft selbst. In den Heilungsgeschichten offenbart sie eine große Durchlässigkeit, ein Gespür dafür, was der anderen gut tut und was sie braucht. Heilen geschieht in einer Wechselbeziehung, in einem gegenseitigen Vertrauen aus einer inneren Gewissheit. Klara ist zu einer starken Verbindung mit dem anderen fähig, eine Achtsamkeit, die sehr tief geht. Sie kann sich einfühlen und daraus Hilfe wachsen lassen. Obwohl schon viele vor ihr versucht haben, Herrn Ugolino wieder mit seiner Frau zu versöhnen, schafft sie es, weil sie die verschüttete Sehnsucht des Mannes nach einem Kind erspürt und sie für ihn freilegt (ProKl 16,14). Sie kann sich völlig zurücknehmen in einer starken inneren Präsenz, was den Weg zur Heilung öffnet.

In ihrer Kindheit erfuhr sie Krieg und war mit ihrer Familie zur Flucht gezwungen. Flucht bedeutet immer Verletzung der eigenen Grenzen. Offensichtlich hat diese damalige Flucht keine Angst in ihr hinterlassen. Bei ihrer Flucht aus dem Elternhaus übersteigt sie selbst die eigenen Grenzen und wagt sich ins Ungewisse. Um ihr eigenes Leben hat sie keine Angst, wie bei dem Überfall der Sarazenen, die schon auf der Klostermauer stehen und zum Teil in den Garten gesprungen sind, deutlich wird. Wohl auch die Sarazenen haben gespürt, dass da jemand keine Angst vor ihnen hat – und wurden vertrieben (ProKl 3,63). Doch auch Klara kennt Angst. Im Sterben erfährt sie sie, zumindest ein Teil in ihr, und der andere Teil spricht ihr begütigend zu. Wie ein innerer Zeuge, der sieht, was geschieht, die Realität aufzeigt und an das erinnert, was wirklich ist (ProKl 3,72–73).

Und vor einer Sache hat sie wirklich Angst: das Privileg der Armut zu verlieren (ProKl 3,38). Die Armut ist ihre Lebensgrundlage, ihr Lebensthema und -prinzip. Wenn sie es verliert, verliert sie alles.

> Klara ist ein Mensch, der alles auf eine Karte setzt und die Brücken hinter sich verbrennt. Die Liebe zur Armut ist – nach den Aussagen der Schwestern – der tiefste Grund ihrer Heiligkeit; denn sie ist ihre Garantie der Nähe Gottes (z. B. ProKl 12,20). In der Armut gründet ihr Leben allein für Gott. (1Agn 25)

Klara di Favarone, eine kluge, schöne Frau aus adligem Haus. Entscheidungsfreudig, von natürlicher Autorität und Führungskraft, von klarem

Profil in ihrem Lebensthema, hellsichtig und durchlässig anderen gegenüber, bereit, ihre Erfahrungen weiterzugeben in der Unterweisung, voller Selbstdisziplin und mit einer gesunden Distanz zu sich selbst, die auch Humor verrät, dienend mit einem Blick für die alltäglichen Dinge, mitfühlend auf Gemeinschaft bezogen, heilend in ihrer Achtsamkeit, liebenswürdig und liebesfähig; in allem, was sie tut, ganz – und so auch in ihrer Hingabe an den armen Gekreuzigten, in unbändigem Vertrauen. Eine Frau, die in 800 Jahren nichts von ihrer Lebendigkeit eingebüßt hat.

Hl. Klara
Giotto di Bondone, Fresko (Detail),
Santa Croce, Florenz

gottesreich

vor gott
ist jede arm

jede ein herzenskind
eine tochter
eine freundin des himmels
eine liebste

vor gott
ist jede reich

beschenkt

MARTINA KREIDLER-KOS

KLARA
UND IHRE
SCHWESTERN

Gemeinschaft blüht auf

SAN DAMIANO UND DER DAMIANSORDEN

NIKLAUS KUSTER

Klara war keine Klarisse, Franziskus kein Franziskaner und Jesus kein Jesuit. Was etwa bei den Jesuiten, der Gesellschaft Jesu, scherzhaft klingt und offensichtlich ist – der Orden entstand schon zeitlich anderthalb Jahrtausende nach dem historischen Rabbi aus Nazaret und hatte einen ganz irdischen Gründer –, mag mit Blick auf die beiden Heiligen von Assisi erstaunen. Haben sie nicht zwei Orden gegründet, die ihr Charisma seit acht Jahrhunderten leben und ihre Lebensform weiter tragen? Der aufmerksame Betrachter wird jedoch bereits beim Blick in die frühe Geschichte der beiden Orden nachdenklich: Der »Erste Orden« der Brüder wird schon zu Lebzeiten des Gründers polarisiert, spaltet sich im Spätmittelalter in städtisch-konventuale und ländlich-observante Klöster und formt schließlich drei große Zweige aus: Minoriten, Kapuziner und Franziskaner. Letztere sind historisch eine Fusion verschiedener Strömungen, die Papst Leo XIII. am Franziskusfest 1897 verordnet hat. Die Geschichte der Schwestern zeigt sich bei näherer Betrachtung nicht viel überschaubarer.

Abb. S. 42:
Klaras Gemeinschaft um 1238
Tafelbild der hl. Klara
(1283, Detail), Basilika
S. Chiara, Assisi

Die Klarissen leben im »Zweiten Orden« seit ihrer Gründung nach zwei verschiedenen Regeln, und sie haben einen weltweit verbreiteten Reformzweig in den Klarissen-Kapuzinerinnen. Wie kommt es, dass ein und derselbe *Ordo sanctae Clarae* zwei unterschiedlichen Regeln folgt?

Die Vorgeschichte des Klarissenordens ist überaus bewegt und sieht Schwestern über Jahre und Jahrzehnte mit Päpsten ringen. Der Werdegang des Zweiten Ordens erlebt dabei auch dramatische Momente, wie sie kein anderer Frauenorden gesehen hat.

Wir wissen, dass Klara vier Jahrzehnte lang um ihre Lebensform kämpfen musste. Doch worum kämpfte sie? Mit wem und gegen was musste sie ringen? Und was hat den Erfolg der ersten Ordensregel, die eine Frau für Frauen approbiert erhielt, bald durch eine andere Regel beschnitten – eine Regel, die wiederum Männer für Frauen verfassten und die über Jahrhunderte zur dominanten Regel wurde?

Die französischen Klarissen Sr. Colette Roussey und Sr. Pascale Gounon, die eine neue Gesamtgeschichte ihres Ordens erarbeitet haben, zählen beim Tod Klaras rund 180 Klöster in Europa, die »im Geiste der Heiligen und von ihrer Erfahrung inspiriert leben«. Zwölf von ihnen halten 1253 an höchster evangelischer Armut fest und sind damit Klaras »Orden der Armen Frauen« zuzurechnen. Die anderen heißen »Nonnenklöster vom Damiansorden« und folgen einer päpstlichen Regel. Was hat San Damiano demnach mit dem *Ordo sancti Damiani* zu tun, und was unterscheidet die beiden?

»MINDERBRÜDER
UND MINDERSCHWESTERN«

Wie Klara sich von Franziskus' Lebenswahl ermutigen ließ, auf ihre Weise dem »armen Christus« zu folgen, so entstanden im Umfeld der Minderbrüder in verschiedenen Städten Italiens schon früh vielfältige Gemeinschaften von Minderschwestern. Der Reisebrief des französischen Bischofs Jacques de Vitry spricht im Herbst 1216 von *sorores minores*, die mit den Brüdern untrennbar verbunden sind und in stadtnahen »Herbergen« leben. Städtische und kirchliche Archive bringen Licht in einige dieser Aufbrüche: Vor der Porta Camullia in Siena sammeln sich Frauen bei einem Hospital, in Verona leben Minderschwestern bei einem Leprosarium vor der Stadt, während sich Gründungen auf Monticelli bei Florenz und bei Gattaiola westlich über Lucca eher eremitisch ausrichten.

> Gemeinsam ist allen Minderschwestern die Liebe zur Armut, die das Leben am Rand der aufblühenden Städte wählt und inneren Reichtum im Leben mit dem armen Christus findet. Die einen Gründungen suchen ihn bewusst in der Nähe zu Randständigen, andere primär in der Stille, wieder andere in der Verbindung der beiden Dimensionen.

San Damiano verbindet das »Leben der Marta« und das »Leben der Maria«. Diese Form der Nachfolge ist nicht das Wanderleben der Apostel, sondern das offene Haus der beiden Schwestern in Betanien: gastfreundliche Freundinnen Jesu zusammen mit ihrem Bruder Lazarus. Auch Klaras Gemeinschaft trägt seit ihren Anfängen geschwisterliche Züge. Fasziniert machen Minderbrüder die Lebensform Klaras weit über Mittelitalien hinaus bis Norditalien und nach 1230 bis nach Böhmen bekannt. San Damiano knüpft seinerseits auch direkt an einem Netz verwandter Gemeinschaften: Briefe pflegen Kontakte und der gezielte Austausch von Schwestern stimmt die Lebensformen ähnlicher Konvente aufeinander ab.

»ARME SCHWESTERN« IN
VIELEN STÄDTEN

Im Jahr 1217 stößt auch der päpstliche Sondergesandte Hugolin von Segni in der Toskana auf religiöse Aufbrüche aus der weiblichen Armutsbewegung. Der Kardinalbischof von Ostia ist der mächtigste Kurienmann neben dem Papst, ein brillanter Kirchenrechtler und ein Freund der Zisterzienser. Im Wissen, dass das Vierte Laterankonzil im November 1215 neue religiöse Lebensformen untersagt hat, sucht der Kardinallegat mit ausgeprägtem Ordnungssinn den Neuaufbrüchen einen sicheren Weg zu weisen. Er schlägt Papst Honorius III. vor, alle Initiativen »armer Schwestern« unter den direkten Schutz der römischen Kirche zu stellen, sie für ein weltabgeschiedenes Leben zu motivieren und als Nonnen in den *ordo monasticus* zu integrieren. Dazu sollten sie die klösterlichen Gelübde auf die Benediktsregel ablegen und sich auf Satzungen verpflichten, die der Kardinal zu diesem Zweck selber verfasst. Die »Hugolinschen Konstitutionen« sind *de facto* eine eigentliche Regel und sehen ein streng klausuriertes Leben nach dem Vorbild der Zisterzienserinnen vor. Die Frauengemeinschaften am Rand von Perugia, Pisa, Siena, Lucca und Foligno lassen sich schon 1219 auf die Lebensordnung des Kardinals ein. Der Name dieser »armen Schwestern« ändert sich im Laufe der Zwanzigerjahre zu »armen eingeschlossenen Frauen« und in den Dreißigerjahren zu »Klausurnonnen«. Doch nicht überall gelingt Hugolins Politik. Im Fall der sozial engagierten Minderschwestern von Sant'Agata sub Aquario bei Verona spaltet sich die Gemeinschaft 1226, als der Bischof und der Minderbruder Leone da Perego sie in ein neues Kloster innerhalb der Stadt umsiedeln wollen: Ein Teil der Schwestern bleibt vor den Mauern im Dienst der Aussätzigen.

1219 hat der mächtige Kardinal in Florenz eine Gemeinschaft angetroffen, die sich zwar in ein monastisches Frauenkloster umwandeln lässt, jedoch Hugolins Satzungen nicht annimmt. Ende dieses Jahres bestätigt Honorius III. den Florentiner Schwestern von Monticelli, dass sie ihre »Observanzen gemäß der Lebensordnung *(ordo)* von San Damiano bei Assisi« beibehalten dürfen. An Ostern 1220 finden wir den Kurienkardinal in Assisi, wo er die Kartage mit Klaras Gemeinschaft verbringt. Es geht ihm fraglos darum, die leise Konkurrenz zu seiner eigenen Schwesternregel und jene Gemeinschaft kennen zu lernen, deren Lebensform bereits bis in die Toskana ausstrahlt.

> Ein Brief nach der Abreise zeugt von der Faszination, die Klara auf den Kirchenfürsten ausübt. Doch bald sprechen Quellen auch von Konflikten.

Franziskus kehrt in jenem Frühsommer aus dem Orient zurück und verbietet Brüdern, für Schwestern Privilegien vom Papst zu erbitten. Die Brüderregel untersagt dem Männerorden strikt, ohne kirchliche Erlaubnis zu Nonnenklöstern zu gehen. In einem direkten Zusammenstoß mit dem Kardinal distanziert sich der Poverello explizit von Hugolins Frauenklöstern, um »einzig Klara und San Damiano in Liebe verbunden zu sein«, wie Stefan von Narni berichtet. In einem eigenen Testament für Klaras Schwestern ermutigt der sterbende Franziskus sie, sich durch nichts und niemanden von der Nachfolge des armen Christus abbringen zu lassen.

Nach Franziskus' Tod spitzt sich das Ringen zu, wobei Klara nun ohne den verbündeten Bruder in ihrem Rücken kämpfen muss. Auch die Brüder sehen sich ordenspolitisch vereinnahmt. Hugolin wird im Frühling 1227 zum Papst gewählt und nennt sich seiner Neigung entsprechend nach dem ersten Mönchspapst Gregor IX. Weil sein liebster Orden, die Zisterzienser, nach den anderen großen Orden in jenen Jahren jede weitere Inkorporation neuer

Frauengemeinschaften generell verbietet, muss der oberste Hirte der Kirche für die Seelsorge an den neuen Schwesternkonventen eine innovative Lösung finden. Er verpflichtet im Dezember 1227 die Minderbrüder dazu und schockiert den Orden, der nun auf einen Schlag für Dutzende neuer Frauenklöster zuständig ist: Generalminister und Brüder hätten auf die frommen Frauen zu achten, »als ob sie schutzlose Schafe wären«. Wenige Monate später spricht Gregor IX. in Assisi Franziskus heilig und besucht bei dieser Gelegenheit San Damiano. Ein Brief des neuen Kardinalprotektors stellt Klaras Gemeinschaft in jenen Sommertagen 1228 an die Spitze von 24 päpstlichen Frauenklöstern. Offensichtlich soll San Damiano auf die »Hugolinregel« verpflichtet werden und zusammen mit Gütern auch die strikte Klausur annehmen. Doch Klara widersteht Gregor IX. ins Angesicht: Sie lasse sich nicht von der Nachfolge Jesu dispensieren. Zwei Monate später bestätigt der Papst die evangelische Armut der Gemeinschaft und damit das Leben in der Nachfolge des armen Christus. An »Schwestern, die bei einer Kirche des hl. Damian im Bistum Assisi zusammenleben«, richtet sich der original erhaltene Papstbrief: Gregor IX. kann im September 1228 weder von Kloster noch von einer Regel, weder von einer Äbtissin noch von Nonnen sprechen.

VON DER ARMUT ZUR KLAUSUR

Zur selben Zeit, da San Damiano sich die Lebensform in »höchster Armut« nach dem Vorbild der Apostel bestätigen lässt, streicht Gregor IX. das Kapitel »über den Besitzverzicht« aus seiner Hugolinsregel. Damit das kontemplative Gebetsleben durch keine irdischen Sorgen belastet wird, besorgt der Papst als Schutzherr den neuen Frauenkonventen bald Güter zur materiellen Absicherung und verhindert jede Einflussnahme weltlicher und kirchlicher Herren der Umgebung. Noch fehlt ihm aber die einende Mitte für den neuen päpstlichen Klosterverband und eine inspirierende Gründungsgestalt. Thomas von Celano wird 1229 gezwungen, in die offizielle kirchliche Lebensbeschreibung des heiligen Franziskus ein propagandistisches Kapitel über den »Orden der armen Frauen« einzufügen. Dieser Orden finde in Franziskus den Anstoß, in Klara das Fundament und im glorreichen Papst den Architekten. Dem literarischen Genie des Franziskusbiografen gelingt es, für Klara eine Lanze zu brechen: Will ein Frauenkloster – deren es schon viele und große gibt – sich auf Franziskus und Klara berufen, leben seine Schwestern in spirituellen Gebäuden, wo die Gottes- und Nächstenliebe aufs radikalste von *Minores* gelebt und selbst in klösterlichen Lebensformen die höchste Armut kompromisslos befolgt wird.

Thomas von Celano spricht im schwesterlichen Propagandakapitel seiner Franziskusvita ebenso wenig von Klausur wie das Armutsprivileg Gregors IX., das nur in enger Verbundenheit mit Menschen und der Stadt zu leben ist. Das bedeutet keineswegs, dass Klaras Gemeinschaft ihre Solidarität mit der Stadt nicht mit der Liebe zur Stille verbindet und die kontemplative Dimension ihres Lebens nicht entsprechend schützt. Wenn Franziskus in seiner Zusatzregel für die Einsiedeleien nach 1220 ein unzugängliches *claustrum* vorsieht und das »Leben der Maria« von dem der »Marta« unterscheidet, hat er das Zusammenspiel aktiv-sorgender und kontemplativ-zurückgezogener Brüder im Wechsel wohl von San Damiano abgeschaut.

EIN NEUER NAME: »DAMIANSORDEN«

Auf Wunsch des Auftrag gebenden Papstes unterstreicht Thomas von Celano 1229 die Bedeutung des franziskanischen Ortes San Damiano. Kurz darauf kommt in bischöflichen und kurialen Kreisen der neue Name Damiansorden (*Ordo sancti Damiani*) auf. Gregor IX. übernimmt ihn auch in seinen Schreiben ab 1231 und lässt dabei keinen Zweifel, dass die Klöster seiner Klausurnonnen gemeint sind. San Damiano selber soll die Mitte des päpstlichen Nonnenordens werden, der heilige Franziskus als dessen »Gründer« die Brüder dauerhaft und weltweit zur

Schwesternseelsorge verpflichten und Klara die einende Gestalt werden, auf die der Papst seine Kreation bauen will.

Ein erst kürzlich in Graz entdecktes Schreiben zeigt deutlich, dass Klara im November 1229 die direkte Unterstellung ihrer Gemeinschaft unter päpstliche Aufsicht (Exemtion) akzeptiert. Damit lässt der Konvent sich juristisch zum päpstlichen Frauenklosterverband rechnen, ohne von seiner Armut abzurücken. Ein weiterer Konflikt im Herbst 1230 bestätigt, dass San Damiano inzwischen auch rechtlich als Kloster gilt. Gregors Erklärung der Brüderregel weitet das Verbot, Frauenklöster zu betreten, von seinen eigenen Klausurnonnen auf jede Art von Klöstern aus. Klara droht erfolgreich mit einem Hungerstreik und sichert dadurch die direkte Verbundenheit ihrer Schwestern mit den Brüdern für die Zukunft. Ab 1234 setzt sich der Name Damiansorden in päpstlichen Briefen europaweit durch. Gregors IX. Schreiben wie jene, die 1238 nach Prag gehen, zeigen allerdings, dass der neue Frauenorden weit von einer inneren Einheit und einer einheitlichen Lebensweise entfernt ist und dass ausgerechnet die vorgesehene ideelle Mitte des Damiansordens – San Damiano – noch immer ausschert.

Glocke von San Damiano

Im Ringen um die Eigenständigkeit ihrer Berufung gewinnt Klara 1235 eine mächtige Verbündete. An Pfingsten 1234 ist in Prag die böhmische Königstochter Agnes in das von ihr selbst gegründete Doppelkloster sv. Frantisek von Minderbrüdern und Armen Damen eingetreten. Nach kurzem Noviziat wird König Wenzels Schwester zur Äbtissin. Zunächst von Papst Gregor IX. selbst beraten, tritt die königliche Gründerin Monate später über die Prager Franziskaner in Kontakt mit San Damiano.

In ihrem ersten Brief an Agnes von Prag schreibt Klara 1235 von »eingeschlossenen Frauen im Kloster San Damiano«, ohne allerdings von einem Damiansorden zu sprechen. In den folgenden Briefen distanziert sich Klara deutlich von hugolinschen Etiketten und Inhalten: Nicht päpstliche Klausur, sondern evangelische Armut kennzeichnet ihre Christusnachfolge. Klara ermutigt auch den Prager Konvent, »den armen Christus arm zu umarmen«. Dabei sollen die Schwestern mit respektvollem Ungehorsam jedem begegnen, der sie daran hindert, »wer auch immer es sein mag«.

Die folgende Korrespondenz zwischen Prag und Rom zeugt von einem mutigen Projekt, das die beiden verbündeten Äbtissinnen entwickeln: Eine eigene Regel soll ihre Lebensform dauerhaft vor päpstlichen Vereinnahmungen schützen, die sich schwesterliche Gottsuche nur in isolierender Abkehr von der Welt und materiell abgesichert denken können. Gregor IX. erteilt dem vorsichtigen Regelprojekt eine brüske Absage, obwohl es politisch geschickt über die Prager Schwester läuft und von König Wenzels Diplomatie unterstützt wird. Die »väterliche Liebe«, die der Papst in den Briefen für seine unmündigen »Töchter in den Nonnenklöstern« zeigt, ist nicht gewillt, ein Ausscheren aus der kurialen Sammlungspolitik zu dulden. Das einst herzliche Verhältnis des Segnipapstes zu Klara und Agnes kühlt in den letzten Pontifikatsjahren gänzlich ab.

DER DAMIANSORDEN WIRD
FRANZISKANISCH

Gregor IX. stirbt 1241, ohne seinen Damiansorden geeint und auf eine gemeinsame Lebensweise verpflichtet zu haben. Als sein Nachfolger nach wenigen Tagen stirbt und die Kardinäle sich aus Furcht vor den kaiserlichen Truppen zerstreuen, bleibt der Petrusstuhl knapp zwei Jahre verwaist. Mit dem Genuesen Innozenz IV. wird im Sommer 1243 ein Papst gewählt, der weder San Damiano kennt noch mit der Geschichte des Damiansordens näher vertraut ist. Aus Furcht vor dem Stauferkaiser leitet er die Kirche 1245–52 vom fernen Lyon aus. Erneut ist es Agnes von Prag, die das Projekt einer eigenen Regel aufgreift und auf die Unmöglichkeit hinweist, zwei Regeln befolgen zu müssen, jene des hl. Benedikt und jene Hugolins. Der Kirchenrechtler Innozenz IV. führt jedoch die Linie seines Vorgängers strikt weiter: Jede Ausnahme von der hugolinschen Lebensweise stifte Verwirrung und die Benediktsregel verpflichte einzig auf die drei Gelübde. Da im Damiansorden jedoch mindestens vier Versionen der Hugolinsregel kursieren – ältere und jüngere, solche mit und ohne Armut – schreitet Innozenz IV. im August 1247 zu einem ordenspolitischen Paukenschlag: Er modifiziert Hugolins Konstitutionen, stützt sie neu auf die Franziskusregel und verpflichtet den ganzen Damiansorden streng auf die einheitliche Lebensform, die als »Innozenzregel« in die Geschichte eingeht. Dadurch werden alle päpstlichen Klausurnonnen kirchenrechtlich zu Franziskanerinnen – und die Minderbrüder haben fortan Aufsicht und Seelsorge am ganzen, weiterhin rasant wachsenden Klosterverband zu garantieren.

Das neue päpstliche Regelexperiment von Innozenz IV. scheitert jedoch: Wehren sich die mit Klara vernetzten Gemeinschaften gegen eine Regel, die Besitz vorsieht und die Nachfolge des armen Jesus untergräbt, sträuben sich andere Klöster gegen ihre Unterstellung unter franziskanische Visitatoren und Kapläne. Im Juni 1250 muss Inno-

zenz IV. angesichts des breiten Widerstandes die Verpflichtung auf seine Regel aufheben.

»WANDERKLARISSEN«?

Die päpstliche Politik verfolgt ihr Ziel trotz aller Rückschläge weiter: Sie sucht alle neuen Frauengemeinschaften in einem streng
klausurierten Klosterverband zu sammeln, von der Welt zu isolieren
und der Seelsorge der Minderbrüder zu unterstellen. Während Klaras
Antwort darauf die Redaktion einer eigenen Regel für San Damiano und
ihre Verbündeten ist, trifft eine andere Gruppe von Schwestern der
Strahl kirchlicher Verfolgung. Bereits im Frühjahr 1241 hat Gregor IX.
ein erstes Schreiben gegen »Frauen« erlassen, »die durch Städte und Diö-
zesen streifen und fälschlicherweise behaupten, zum Damiansorden zu
gehören«. Auch die Minderbrüder würden gegen diese »Barfüßerinnen«,
»Strickschwestern« oder *minoretae* in Zorn geraten. Innozenz IV. weitet
die Verfolgung dieser europaweit verbreiteten Schwestern, die er ver-
ächtlich »vagabundierende kleine Weiber« nennt, ab 1250 von Italien bis
nach Spanien aus. Die nachfolgenden Päpste rufen auch die Bischöfe in
Deutschland, Frankreich und Britannien zur Jagd auf wandernde Minderschwestern auf. Von Klarissen kann allerdings vor 1263 auch mit
Blick auf diese Gruppe nicht gesprochen werden, weder rechtlich noch
ideell, zumal ihre Lebensform weder mit den »eingeschlossenen Frauen«
noch mit Klaras »Armen Schwestern« in Beziehung steht.

KLARA UND ISABELLA: ZWEI NEUE REGELN

Als Innozenz IV. Anfang Dezember 1254 in Neapel das Zeitliche
segnet, folgt ihm ein Freund Klaras auf den Petrusstuhl. Papst
Alexander IV. nennt sich jener Kardinal Rainaldo da Jenne, der bereits
im Sommer 1228 dabei war, als Gregor IX. den offenen Widerstand

Klaras in San Damiano provozierte. Als langjähriger Kardinalprotektor hat er Klaras Regel bereits 1252 anerkannt, und er ist es nun, der die Schwester Mitte August 1255 in Anagni feierlich heiligsprechen kann. Seine Kanonisationsbulle wie auch Hymnen aus seiner Feder drücken Sympathie für Klara und Bewunderung ihrer eigenständigen Spiritualität aus. Obwohl von Gregor IX. ab 1228 mit der Sammlung und Uniformierung der armen und der eingeschlossenen Schwestern beauftragt, zeigt sich Rainaldo, nun selber Petrusnachfolger, offen für weitere Abweichungen vom Namen und Statut des Damiansordens. Im Jahr von Klaras Heiligsprechung gründet Isabella, die Schwester des französischen Königs Ludwig IX. in Longchamp bei Paris ein Kloster für »klausurierte Minderschwestern« (*Sorores Minores Inclusae*). Alexander IV. bestätigt 1259 ihre Regel, die mit Hilfe franziskanischer Magister von Paris verfasst worden ist. Wie Klaras Regel verbreitet sie sich über das Stammkloster hinaus in einzelnen Gemeinschaften Frankreichs sowie in Italien und England.

Als Alexander IV. im Mai 1261 in Viterbo stirbt, existieren somit drei verschiedene Regeln für Frauenklöster, die im Lauf des 13. Jahrhunderts aus der Bewegung der *Sorores Minores* entstanden sind: die alte Hugolinsregel für die Klausurnonnen des Damiansordens, die Klararegel für den Orden der Armen Schwestern und die Isabellaregel für die klausurierten Minderschwestern.

Wie eingangs dieser Spurensuche erwähnt, führt die neue Gesamtdarstellung der Klarissengeschichte für 1253 unter 180 Klöstern zwölf Konvente auf, die mit Klara dem »armen Christus« in höchster Armut nachfolgen. Deren Netzwerk spannt sich mit den Gemeinschaften in Zamora, Burgos, Olite/Pamplona und Zaragoza von Spanien über Reims bis Prag und Trnava in Osteuropa. Brügge in Flandern kommt 1254 hinzu. In Italien sind es die Schwestern von Monticelli bei Florenz, von Santa Petronilla in Siena, von Monteluce in Perugia, von San Damiano in Assisi und von Colpersito bei San Severino in der Mark Ancona. Einige Konvente,

Abendstimmung: S. Chiara, Assisi

in die Klara Jahrzehnte zuvor Schwestern entsandt hat, scheinen sich nun
hugolinisch auszurichten, unter ihnen Arezzo, Spello und Foligno.

»ORDEN DER HEILIGEN KLARA«

Alexanders Nachfolger ist der Franzose Jacques Pantaléon. Der
Schustersohn aus Troyes hat in Paris studiert, ist 1255 Patriarch
von Jerusalem geworden und sieht sich im Spätsommer 1261 von nur
sieben Kardinälen zum Papst gekürt. Obwohl kaum mit Italien vertraut, gelingt es ihm als Urban IV. 1263, die päpstliche Nonnenpolitik
ins Ziel zu führen: Zehn Jahre nach Klaras Tod fasst der geschickte
Politiker die Vielfalt von neuen Frauenklöstern europaweit in eine
juristische Einheit. Die feierliche Bulle »Beata Clara« vom 18. Oktober
1263 verordnet dazu einen neuen Ordensnamen und eine neue Regel.
Während die beiden Vorgängerfassungen rechtlich nur eine *forma
vitae* waren, indem Hugolin seine Konstitutionen auf die Benediktsregel und Innozenz IV. die revidierte Form auf die Franziskusregel
abstützten, versteht Urban IV. seine neue Version als eine authentische
Ordensregel: die erste *päpstliche* Nonnenregel der christlichen Geschichte. Sie erklärt nicht mehr Franziskus, sondern Klara zur Gründer-
gestalt des Frauenordens.

Allerdings fließt nur sehr wenig von San Damianos Spiritualität in die
Urbanregel ein. Diese braucht vielmehr den Namen der neuen Heiligen,
um dem päpstlichen Frauenorden ein einheitliches und attraktives Profil zu geben. Urban IV. verschweigt im Interesse seiner Politik, dass Klara
eine eigene Regel geschrieben hat. Die Quellen der neuen Nonnenregel
sind vor allem die beiden *formae vitae* der vorausgehenden Päpste. Sie
übernimmt zusätzlich neuere Normen der französischen *Sorores Minores Inclusae* von Longchamp, deren Isabellaregel Urban IV. seinerseits
1263 leicht modifiziert. Von Klaras Regel sind die Bedeutung des Haus-
kapitels und der Leitungsstil der Äbtissin übernommen.
Klaras Kernanliegen radikal evangelischer Armut verschwindet gänz-

lich aus der Urbanregel, während eine Reihe von Normen die Klausur zum zentralen Charakteristikum macht.

Das Evangelium – die eigentliche Regel der Minderbrüder und von Klaras Armen Schwestern – findet nicht einmal Erwähnung. Urban IV. fordert strikte Beobachtung seiner Normen und zielt auch auf eine äußerliche Uniformität der verschiedenen Klöster. Der päpstliche Nonnenorden bleibt definitiv einem Kardinalprotektor unterstellt und die Seelsorge wird nach Möglichkeit weiterhin den Minderbrüdern anvertraut. Nach spannungsvollen Jahrzehnten sucht Urban IV. das Verhältnis zwischen dem päpstlichen Klausurfrauenorden und den Minderbrüdern für beide Seiten befriedigend zu klären. Verfasser der Urbanregel ist Kardinal Giovanni Gaetano Orsini, der spätere Papst Nikolaus III. und seit kurzem auf Wunsch ihres Generalkapitels Protektor der Minderbrüder. Die päpstliche Bulle »Beata Clara«, die Orsinis Regelfassung enthält, sucht »Schwestern« (*sorores*), »Damen« (*dominae*), eingeschlossene oder arme Nonnen (*moniales inclusae* oder *pauperes*) im neuen *Ordo sanctae Clarae* zu vereinen und zu vereinheitlichen. Die Schwestern des Klaraordens heißen künftig Klarissen.

DIE PATRONIN UND IHR ORDEN: EIN SPÄTER ERFOLG

Die Ehre für Klara ist beim rechtlichen Gründungsakt der Klarissen 1263 zwiespältig. Zum einen nennt sich der neue Frauenorden nach der Heiligen – was weder dem Gründer der Minderbrüder noch dem der Prediger vergönnt ist: Keiner der beiden großen männlichen Bettelorden wird aufgrund eines Papstbeschlusses nach dem Gründer genannt. Klara wird jedoch als Gründerin für einen Orden vereinnahmt, der vom Papst geschaffen worden ist und von dem sich San Damiano zunehmend abgegrenzt hat. Mit der Urbanregel erreicht die päpstliche Regulierung neuer Frauengemeinschaften ihr Ziel. Klaras eigene Regel musste dazu übergangen und verschwiegen werden. Giulia

Hl. Klara
Tiberio d'Assisi (Detail), Portiunkula, Assisi

Barone nennt es »Homogenisierung« der neuen Nonnenklöster und Lösung des Seelsorgeproblems: Nur der Name und die Verehrung Klaras dienen dem Zweck, »in einem höchst politischen Akt den vielfältigen Lebensformen weiblicher Gemeinschaften im franziskanischen Umfeld Einheit und Zusammenhalt zu geben«.

Die meisten Klöster des *Ordo sanctae Clarae* befolgten in den nächsten Jahrhunderten die Urbanregel. Eine kleine und bald schrumpfende Minderheit wählt für sich die Klararegel. So vereint der »Orden der heiligen Klara« künftig so genannte »arme Klarissen« mit Klararegel und »reiche Klarissen« mit Urbanregel unter der gleichen Patronin.

Ohne der bewegten Geschichte des Klarissenordens und seiner ebenso vitalen wie entschieden klarianischen Reformen vorzugreifen, soll diese Skizze von der Vorgeschichte des Zweiten Ordens mit einem kurzen Ausblick in die Gegenwart enden. Nachdem Anfang des 15. Jahrhunderts europaweit von gegen 500 Klarissenklöstern nur noch deren vier an der Klararegel festhielten – ein spanisches, zwei französische und Prag, während das Protomonastero in Assisi ebenfalls urbanistisch lebte – erfährt Klaras Lebensform im Laufe des 20. Jahrhunderts ihre weltweite Erfolgsgeschichte. Im Jahr 2000 sind es 90% der 620 Klarissenklöster Europas, die nach der Klararegel leben. Auf den übrigen Kontinenten folgen ihr die 310 Klöster fast ausnahmslos: Von den 39 Klöstern in Afrika sind alle klarianisch, von 56 in Asien und Ozeanien folgen drei noch der Urbanregel, von 215 in den beiden Amerika noch deren zwölf.

Im Jahre 1253 ungefragt zur Patronin eines päpstlichen Nonnenordens ernannt, sieht Klara ihre Regel im 20. Jahrhundert einen ungeahnten Durchbruch feiern, weltweit anerkannt und in vielfältigsten Kulturen gelebt: Die große Zeit des *Ordo sororum pauperum* scheint damit eben erst zu beginnen.

Entwicklung des Ordens bis zum
Tod der hl. Klara (1253)

● Klöster mit dem »Privileg
   der Armut«

● Alle anderen Klöster leben nach
   unterschiedlichen Regeln

Reims
Metz
Provins
Straßburg
Pfullingen
Ulm
Konstanz
Besançon
Prag
Olmütz
Tyrnau
Judenburg
Trient
Chambéry
Mailand
Verona
Treviso
Périgueux
Brive-la-Gaillarde
Turin
Bordeaux
Cahors
Avignon
Genua
Assisi
Dax
Toulouse
Bézier
Montpellier
Narbonne
Zadar
Siena
Perugia
Vitoria-Gasteiz
Carcassonne
Rom
Reinoso de Cerrato
Burgos
Olite
Calahorra
Tarazona
Valladolid
Zamora
Cuéllar
Almazán
Calatayud
Saragossa
Barcelona
Salamanca
Ciudad Rodrigo
Tarragona
Nardò
Rossano
Toledo
Valencia
Catania
Jaén

KLARA UND DER KLARISSEN- ORDEN

ANCILLA RÖTTGER OSC

Spannend wie der Beginn des Ordens bleibt sein Weg bis heute. Ein Blick durch die Jahrhunderte lässt die Kraft der Spiritualität Klaras erahnen, die sich – ohne dass es weltweit eine »Zentrale«, eine verbindliche gemeinsame Struktur außer Klaras Regel gäbe – bis heute wie ein roter Faden lebendig durch alle Wechselfälle der Geschichte hindurchzieht. Hier kann nur ein geraffter Überblick über Entwicklungen in Abhängigkeit von der jeweiligen Weltgeschichte gegeben werden. Für genauere Informationen empfiehlt sich das Werk der beiden schon erwähnten französischen Klarissen, die in weltweitem Blick die Spur aufgenommen haben, die Klaras Liebe zur Armut in unterschiedlichsten Kontexten hinterlassen hat. An ihrem Buch orientiert sich dieser Überblick.

DIE GEMEINSCHAFT WÄCHST

In den anderthalb Jahrhunderten nach Klaras Tod expandierte der Orden weiter. Gesellschaftliche Veränderungen auf politischer, sozialer, wirtschaftlicher und religiöser Ebene beeinflussten das Leben der Schwestern. Vor allem Fürsten waren die Initiatoren neuer Gründungen, was dem gelebten Ideal der hl. Klara nicht gerade zuträglich war.

Die vielen Kriege dieser Zeit ließen mit ihren Verwüstungen, Plünderungen und Morden eine Welt in Unsicherheit und Elend zurück, in der selbst die Bettelorden trotz aller Beliebtheit Unbehagen verursachten.

So erlaubten die Päpste keine Gründungen von Nonnenklöstern mehr, wenn der Stifter nicht ausreichend Vermögen dazu gab. Die Urbanregel überwog, die den Lebensunterhalt der Schwestern durch eigenen Besitz sicherte. Die Menschen fühlten sich Tod und Teufel ausgeliefert, und wer eben konnte, versuchte einen Konvent zu gründen, um so wenigstens ein wenig sein Heil abzusichern. Neben den großen königlichen Abteien wie z.B. Prag (1231), Longchamp (1259), Saint Marcel in Paris (1289), Moncel (1336), Krakau in Polen (1359), Znojmo in Ungarn (1271/74), Königsfelden in der Schweiz (1310), Coimbra in Spanien (1317), London, Stockholm, Neapel – um nur einige zu nennen und mit den Namen die weite Verbreitung anzuzeigen – gab es bescheidenere Gründungen von geringeren Landherren und Bürgern der Städte, manchmal von Kommunen (z.B. um zu verhindern, dass die eigenen Töchter in fremde Städte ziehen mussten, um ihrer Berufung zu folgen, da es in der eigenen Stadt kein Kloster gab). Dazu kamen Privatinitiativen von jungen Frauen, die, ohne auf den Bau eines Klosters zu warten, sich zum gemeinsamen religiösen Leben zusammenfanden.

Eine von ihnen, Ermentrudis von Brügge, in Köln als Tochter reicher Eltern geboren, zog nach deren Tod mit einer Gefährtin nach Flandern, um sich dort den »*mulieres religiosae*« anzuschließen. Durch die Minderbrüder, die um 1221 nach Brügge kamen, war die Botschaft von der gelebten Liebe zur Armut ihrer heiligen Schwester in Assisi bis Flandern gekommen, und auch Klara hatte von der mutigen Schwester im Norden erfahren. Ermentrudis war davon so bewegt, dass sie nach Assisi reiste, um Klara kennen zu lernen, traf sie aber nicht mehr lebend an. Vermutlich übergaben ihr bei diesem Besuch Klaras Schwestern die Briefentwürfe für sie und einen Segen. Nach der ältesten Chronik über die Klarissengründungen in Flandern ist diese Reise in die Amtszeit von Papst

Alexander IV. zu datieren, den sie in Rom aufsuchte und der ihr die Erlaubnis gab, nach Klaras Regel zu leben und Klöster zu gründen. 1256 kam Ermentrudis nach Langemark, um dort zu helfen, ein Kloster der Armen Schwestern zu gründen.

Als 1274 das Konzil von Lyon Gemeinschaften verbot, die sich nicht einem schon approbierten Orden anschlossen, nahmen viele die Regel Urbans an, wie z.B. in Regensburg 1296 eine in Deutschland verbreitete Gruppe von »Magdalenerinnen« oder Büßerinnen. Die Zahl der Klöster stieg enorm, doch die Motivationen waren unterschiedlich. Nur ganz wenigen ging es um die Verwirklichung des Ideals der hl. Klara.

Es war eine Zeit großer Not. Während der Kriege – und davon gab es mehr als genug – fanden sich viele Klöster, da sie auf offenem Land oder in den Vorstädten gebaut waren, zu exponiert und daher verletzlich. Einige wurden besetzt und zerstört, andere von den kommunalen Autoritäten selbst dem Erdboden gleichgemacht, um den Schutz der Stadt zu erleichtern. Die Felder der Klöster wurden nicht bearbeitet, die Schwestern lebten in Behelfsunterkünften und mussten am Ende ihr Kloster mühsam auf eigene Kosten wieder aufbauen, nur um beim nächsten kriegerischen Aufstand das Gleiche zu erleben.

Die Archivdokumente dieser Zeit erlauben einen kleinen Blick hinter die Klostermauern: Im Sinne Klaras gab es in San Damiano keine Unterschiede unter den Schwestern; Im gemeinschaftlichen Leben waren alle gleichgestellt. In der Urbanregel kam schon eine Unterscheidung dadurch auf, dass alle innerhalb des Klosters lebenden Schwestern ein Klausurgelübde ablegten, während die »Dienstschwestern« die Profess ohne Klausurverpflichtung machten. Allmählich wurde die Situation komplizierter: Zunächst wurden Laien zum Dienst an Klausurschwestern zugelassen (wie z.B. in Longchamp Dienerinnen für Bianca von Frankreich).

Die Päpste griffen oft ein, um einige Punkte der Regel zu verändern, wobei es meist um die Verwaltung der Güter und die Klausur ging. Als Benedikt XII. 1336 mit seinen Konstitutionen die »Außendienstschwestern« abschaffte und dafür Laien einsetzte, zwang er alle Schwestern in die Klausur. Jetzt gab es zwei Kategorien von Schwestern: diejenigen, die schon vorher durch das Klausurgelübde in der Klausur lebten, und die, die jetzt hineingedrängt waren, ohne Verpflichtung, das Chorgebet zu rezitieren, ohne aktive und passive Stimme im Kapitel. Man nannte sie *Konversen*. Die Entwicklung der Klöster tendierte zur monastischen, benediktinischen Seite hin.

Neben manchen klarianischen Lichtgestalten dieser Zeit gab es Einiges an Missbräuchen, deren offenkundigsten die Armut und die Klausur betrafen. Zum Besitz der gemeinschaftlichen Güter hatte sich oft auch der persönliche Besitz gesellt. Gewöhnt an ein Leben außerhalb der Klausur in den Kriegszeiten, nahmen manche Klarissen auch nach Rückkehr ins Kloster die Gewohnheit an, auszugehen, um ihre eigenen Geschäfte zu regeln, zu betteln oder als Gefährtinnen von Fürstinnen zu reisen. Eine Bulle aus dem Jahr 1414, die eine mehrere Jahre andauernde Situation beschreibt, fasst es in wenigen Worten zusammen: *Auflösung der Observanzen, Unanständigkeit, Skandale.*

VERTRAUENSKRISE

Anfang des 15. Jahrhunderts wurde die Kirche von einer schweren Vertrauenskrise geschüttelt. Seit 1378 teilte das große westliche Schisma – das Vorhandensein von zwei Päpsten – die Christenheit, und der Vorbehalt der Gläubigen gegenüber Papst und Kirchenleitungen lässt sich nur zu gut nachempfinden. Als das Konzil von Pisa 1409 Abhilfe schaffen will, erhöht es auf drei Päpste. Schließlich gelang es dem Konzil von Konstanz (1414–1417), alle drei abzusetzen und einen neuen zu wählen, Martin V. 1440 wählten die unzufriedenen Kardinäle einen Gegenpapst; dieses traurige Machtspiel der Kirchenfürsten dauerte insgesamt mehr als 70 Jahre. Die Kritiker stürzten sich auf die Kirche, und die Gläubigen begannen unter den auftretenden Häresien zu leiden. Einerseits große Verwirrung, andererseits intensiver geistlicher Hunger. Es ist die Zeit des hl. Vinzenz Ferrer (1357–1419), der hl. Birgitta von

Hl. Coleta von Corbie
Moderne Ikone

Schweden (1302–1373), der hl. Katharina von Siena (1347–1380) und dann der hl. Coleta von Corbie (1381–1447). Zwei starke Strömungen begannen sich abzuzeichnen: eine, die den Akzent auf die Notwendigkeit eines tiefen inneren Lebens setzte und in den rheinischen und flämischen Ländern eine mystische Bewegung wachrief mit großen Meistern wie z.B. Eckhart, Tauler, Seuse, Ruysbroek sowie die Begründer der *Devotio moderna*. Die andere sehr intellektuelle Strömung wird repräsentiert durch die ersten Humanisten, die die Kirche durch rationale Reflexion über den Glauben läutern wollen. Diese beiden Bewegungen bewirkten eine verbreitete Kluft zwischen Glaube und Vernunft. Für die einfache Bevölkerung gewann das Leben eine dramatische Prägung durch die vielen Auseinandersetzungen zwischen Adel und Volk, Banditengruppen, Rückkehr der Pest in einigen Landstrichen. Zugleich entwickelte sich an den Fürstenhöfen ein neues prunkvolles glanzvolles Leben, bei dem die Kirchenfürsten mitmachten.

Rom erstrahlte mehr durch den fragwürdigen Glanz als Hauptstadt der Künste denn als Hauptstadt der Heiligkeit. Das erklärt sowohl den Erfolg der Reformen bei den Gutwilligen wie auch die erbitterte Wut der Opposition.

Es ist Zeit für Reformversuche. Unter ihnen ist die Reform der »Observanz« im I. Orden Mitte des 14. Jahrhunderts diejenige mit großem Einfluss auf den II. Orden. Lang anhaltende Streitigkeiten zwischen den Observanten und den sogenannten Konventualen, die sich in ihren großen Konventen gut eingerichtet hatten und daraus nicht aufgeschreckt werden wollten, gingen auch an den Schwestern nicht spurlos vorbei. Für den II. Orden bildeten sich zwei Reformströmungen heraus: eine geführt von Coleta von Corbie und die andere von den Observanten, letztere vorwiegend in Italien.

Coleta Boylet oder Boelley wurde im Januar 1381 in Corbie geboren. Von ihrem Vater, einem relativ wohlhabenden Zimmermann, lernte sie früh soziales Verhalten. Nach dem Tod ihrer Eltern begann für sie eine Zeit der Suche. Weder im Konvent der Beginen von Corbie noch bei den Benediktinerinnen und auch nicht bei den Klarissen des königlichen Klosters von Moncel fand sie ihren Weg. Schließlich erfuhr sie nach einigen Jahren als Rekluse in ihrer Heimatstadt Corbie die Reform des Ordens der hl. Klara als ihren Auftrag, und der Gegenpapst Benedikt XIII. bestätigte sie 1406 darin. Das Kloster in Besançon wurde die Wiege ihrer Reform. Dabei widmete sie sich weniger der Wiederherstellung alter als vielmehr der Gründung neuer Klöster. Auch die Brüder erhielten einen von ihr geprägten Reformzweig. Mit ihren Konstitutionen, in denen sie die Klararegel minutiös durcharbeitet, gibt sie ihrer Erneuerung einen festen Rahmen. Darüber hinaus sind mehr als 10 Briefe aus der Zeit von 1436 bis 1447 an unterschiedliche Adressaten erhalten sowie ihre Mahnworte, ihr geistliches Testament. 1410 ließ sie sich vom Protomonastero in Assisi eine authentische Kopie der Klara-Regel für das erste von ihr reformierte Kloster von Besançon schicken, wo es bis heute aufbewahrt wird. Als Coleta am 6. März 1447 starb, hatte sie 15 Klöster gegründet und zwei reformiert. Ohne die Hilfe großer Adliger hätte Coleta ihr Werk nicht durchführen können; dennoch verweigerte sie ihnen jegliches Patronatsrecht und jedweden Eingriff in das Leben der Gemeinschaften

Die sozialen Fesseln, die gerade den Klöstern der Urbanistinnen im 14. Jahrhundert zum Verhängnis geworden waren, verlor Coleta bei ihrer Reform nie aus dem Blick.

Der Generalminister Wilhelm von Casale war von Coleta und ihrem Werk begeistert und unterstützte sie. 1431 beauftragte ihn Papst Eugen IV., sich der Klöster in Italien anzunehmen und sie zur Ordnung zurückzuführen. Er schrieb: »... weil Wir erfahren haben, dass viele Klöster der Klausurnonnen des Ordens der hl. Klara, an verschiedenen Orten gelegen, durch Schuld der Äbtissin und der Ordensfrauen, die dort leben, vom Joch der regulären Observanz abweichen und ein lockereres Leben führen, als es sich geziemt, brauchen sie, aufgrund von Streitereien und Ärgernissen, die sich dort täglich zutragen, eine ernsthafte Reform. Wir beauftragen dich mit der Vollmacht, sie zu visitieren und, wie es dir günstig erscheinen mag, bei den Klöstern die Klausur wieder zu schließen, die sie geöffnet haben, die unwürdigen Äbtissinnen zu entfernen und andere einzusetzen, notfalls die Klausurschwestern woandershin zu versetzen, die Güter eines Klosters einem anderen zu geben, alles zu tun, was nützt, für die Reform, den Frieden und die Regelmäßigkeit des Gottesdienstes in diesen Klöstern.« So verschwand eine ganze Anzahl von Konventen, aufgehoben von der kirchlichen Autorität aufgrund der Skandale oder wegen Fehlens von Berufungen.

ZEICHEN DER VIELFALT – DIE REFORM DER ITALIENISCHEN KLARISSEN

Anders als die Reform Coletas, die von ihrer Persönlichkeit geprägt war, steht die Reform der italienischen Klarissen eher im Zeichen der Vielfalt sowohl bzgl. der Ursachen wie auch der Vorgehensweisen. Fördernd waren vor allem die Observanten in ihren großen Vertretern dieser Zeit: dem hl. Bernardin von Siena (1380–1444) und dem hl. Johannes von Capestrano (1386–1456), seinem Gefährten und Schüler.

Gegen Ende seines Lebens wurde Letzterer ein großer Freund Coletas und seine Kommentare zur Regel der hl. Klara, die er für das Kloster Corpus Christi in Mantua schrieb, bildeten – ein wenig abgeschwächt durch Eugen IV. – die Grundlinie der eifrigsten Klöster der italienischen Reform. Einen weiteren bedeutenden Beitrag zur Reform der Klarissen lieferte der regulierte III. franziskanische Orden. Junge Frauen, angezogen vom franziskanischen Ideal, aber entmutigt von der Dekadenz in den gelockerten Konventen des II. Ordens, fanden sich zu einem religiösen Leben im regulierten III. Orden zusammen. Ihre Ernsthaftigkeit des Lebens, noch angeeifert durch die Predigt der Observanten, verlangte dann bald nach mehr. Und sie nahmen die Regel Klaras an.

Zur Pluralität der italienischen Klarissenreform gehört auch, dass nicht alle Klarissen der Observanz die gleiche Regel befolgten: Es ging um Restauration des Bestehenden, nicht um Rückführung zum Ursprung Klaras. Die Brüder der Observanz waren in erster Linie »Prediger«, nicht »Reformer«. Manchmal kam eine Reform spontan in Gang, manchmal als Antwort auf die Predigt der Brüder, ein andermal durch Initiative einzelner Personen oder auch durch den Druck der Autorität. Einige Klöster wurden zu Ausgangspunkten der Reform für wieder andere, wodurch eine informelle Vernetzung zwischen vielen Gemeinschaften entstand.

Die Chronik des Klosters Santa Lucia in Foligno beschreibt sehr gut die innere Entwicklung der Rückkehr zur Klararegel wie auch die enge Verbindung zwischen den reformierten Klöstern und den Brüdern und Schwestern: »Uns Schwestern von Santa Lucia in Foligno, die wir lange Jahre hindurch die Zweite Regel der hl. Klara befolgt haben, d.h. jene von Papst Urban IV. gegebene, überkam durch göttliche Eingebung ein großes Verlangen, nach der Ersten Regel unserer geliebten heiligen Mutter Klara zu leben und der Vollkommenheit des heiligen Evangeliums unseres allerliebsten Bräutigams, Unseres Herrn Jesus Christus zu folgen, und wir lebten viele Jahre lang mit diesem Verlangen. Unsere Mutter Äbtissin, Schwester Cecilia Coppoli von Perugia, ließ zu diesem Zweck viele Gebete verrichten und empfahl sich zahlreichen Dienern Gottes,

Ordensleuten und Laien, vor allem den Schwestern von Messina, Mantua, Bologna, Ferrara und L'Aquila … Sie empfahl sich auch verschiedenen Predigern, vor allem Bruder Alberto von Perugia und Bruder Cherubino von Spoleto, und bat sie, sie sollen vom ganzen Volk, das ihren Predigten beiwohnte, ein Pater und ein Ave sprechen lassen …«.

Gegen Ende des Jahrhunderts erlahmte der Eifer der Observanten. Einige von ihnen hielten das Ideal der höchsten Armut für undurchführbar und versuchten die Schwestern von der Rückkehr zur Urbanregel zu überzeugen. Mit ihrer Reform beschränkten sie sich auf Klausurverletzungen. Die Rollen waren vertauscht: Während Anfang des Jahrhunderts die Brüder die Schwestern mit ihrem Eifer ansteckten, waren jetzt die Schwestern die eifrigeren und mussten sich gegen die Brüder wappnen.

ITALIENISCHE RENAISSANCE

In manchen Gemeinschaften der Klarissen des 15. Jahrhunderts lebte ein Widerschein der italienischen Renaissance. Die meisten jungen Frauen, die in die Klöster eintraten, waren hoch gebildet und menschlich offen. Für die gemeinschaftliche oder private Lektüre verfügten viele Konvente über eine gut eingerichtete Bibliothek. Man las vor allem die Bibel (in Latein oder Vulgärsprache): die Übersetzungen wurden immer mehr und seit der Mitte des 15. Jahrhunderts erlaubte der Buchdruck eine rege Verbreitung. Die Schwestern lasen die damals sehr verbreiteten Viten der Väter und Werke franziskanischer oder anderer Spiritualität. Da Bücher noch ein Luxus waren, nutzten die lesekundigen Schwestern einen Teil ihrer Zeit, um die Manuskripte abzuschreiben. Die Einrichtung einer richtigen Schreibstube, in der Gruppen von vier bis fünf Schwestern arbeiteten, wird vom Kloster Monteluce in Perugia berichtet. Unter den namentlich genannten Schwestern ist auch Battista

Alfani, der wir die Übersetzung des Heiligsprechungsprozesses Klaras verdanken.

So gab es in Monteluce von Hand geschrieben: u. a. die *Legenda Maior* von Bonaventura, das *Buch der Offenbarungen* von Angela von Foligno, *L'Albero della Vita Crocifissa* von Ubertino von Casale, den *Traktat der göttlichen Liebe* von Bernardin von Siena, die *Collationes* von Cassian, die *Dialoge* von Gregor dem Großen, den *Heiligsprechungsprozess der hl. Klara*, verschiedene Exemplare vom *Traktat über die sieben geistlichen Waffen* von Katharina von Bologna, sowie die italienische Übersetzung der *Regel der hl. Klara* für verschiedene Klöster, usw. Der Zeitmode entsprechend schmückten die Klarissen ihre Werke mit Zitaten oder Andeutungen, die uns verraten, was sie lasen: eben die Bibel, die Schriften von Franziskus und Klara, des hl. Hieronymus, des hl. Gregor von Nazianz, des hl. Bernardin usw. Zur gleichen Zeit standen in den Regalen des Klosters Longchamp in Frankreich die Briefe von Seneca, einige Werke von Boethius, ein geographisches Werk über die Welt, Tierbücher usw. Die reformierten Klöster Italiens vermieden offensichtlich Literatur mit profanem Gedankengut. Viele Klarissen waren selbst wahre Künstlerinnen, häufig Schriftstellerinnen oder Dichterinnen wie Cecilia Coppoli oder Battista Alfani. Katharina von Bologna besaß Gaben als Komponistin, Malerin und Schriftstellerin.

> Aus den Schriften der Klarissen des 15. Jahrhunderts spricht eine tiefe christozentrische Spiritualität. Die Vereinigung mit Jesus Christus im Gebet ist die wesentlichste Aufgabe der Klarissen jener Zeit.

Zu ihren Lebzeiten hatte die hl. Coleta es verstanden, zwischen den Klöstern ihrer Reform eine starke Verbindung zu schaffen, die ihnen half, auch nach dem Tod der Reformatorin deren Ideal treu zu bleiben. Sie halfen sich gegenseitig, sowohl materiell als auch spirituell. Die Treue zur Armut war der charakteristischste Zug der Coletinnen, und das trotz der Mahnungen der Brüder und der Spendenwilligkeit ihrer

Freunde und obwohl jedes unerfreuliche Ereignis wie Brand, Epidemie, Krieg für die Klöster wirkliches Elend bedeuten konnte.

Coleta hatte sich immer aus den Streitigkeiten zwischen Observanten und Konventualen herausgehalten, was die Observanten ihr übel genommen hatten, denn sie behaupteten, dass man unmöglich unter der Autorität der Konventualen ein reformiertes Leben führen könne. Am Ende gewannen die Observanten und alle reformierten Klöster wurden unter ihre Obhut gestellt. Dank ihrer Hartnäckigkeit gelang es den Coletinnen dennoch, ihre Lebensform der Armut ungetrübt zu bewahren.

BLICK NACH FRANKREICH UND DEUTSCHLAND

In Frankreich und den angrenzenden Gebieten entstand eine Gruppe von Gemeinschaften unter dem Namen *Ave Maria*: Sie wollten ein kontemplatives Ordensleben führen, nahmen die Regel der hl. Klara an und die Konstitutionen Coletas und entschlossen sich für die Leitung der Observanten.

In Deutschland gehörte der Einfluss der Observanten in den Rahmen des Auftrags der Neuordnung der deutschen Kirche, der dem Kardinal Nikolaus von Kues, päpstlicher Legat für Deutschland, Böhmen und die benachbarten Gebiete, anvertraut war. In der ersten Hälfte des 15. Jahrhunderts mehrten sich die Klagen des Rates der Stadt Nürnberg über die Lebensweise der Frauen im St. Klarenkloster, die dann schließlich selbst um Hilfe bei ihrer Reform baten, wozu Nikolaus von Kues einen Observanten schickte. Mit Hilfe einiger Schwestern von Nürnberg nahm er sich die Reform der Klarissen in Brixen in Südtirol vor, die dann unter einer Unstimmigkeit des Bischofs mit dem Fürsten Sigismund von Tirol zu leiden hatten. Als Reaktion auf eine Strafmaßnahme des Nikolaus von Kues schikanierte der Fürst auch die Schwestern: Acht Karren transportierten 31 Klarissen bis zur Staatsgrenze, wo sie mitten in der Nacht in Regen und Schlamm abgesetzt wurden. Sie fanden im Kloster in Pfullingen Zuflucht, das sie dann gleich reformierten.

Es gab auch härteren Widerstand gegen die Reform: In München hatten die Urbanistinnen vom Konvent des hl. Jakobus dem Anschein nach zugestimmt, als der Generalvikar der Observanz ihnen 1480 die Reform vorschlug, wollten dann aber bei Nacht und Nebel mit den kostbarsten Gütern des Klosters fliehen, was der davon in Kenntnis gesetzte Herzog von Bayern unter Einsatz von Soldaten vereiteln ließ.

In den Niederlanden und in Belgien fand die Reform einen günstigen Raum, in dem sich sowohl die Reform Coletas wie die der Observanten weit ausbreitete, bis auf dem Kapitel 1493 in Nijmegen ein Aufstöhnen der Brüder der Observanz von neuen Gründungen abriet.

In Spanien entstanden zwei Reformgruppen aus Gemeinschaften der Terziarinnen: die *Diskalzeatinnen* (1489), ein Name, mit dem dann die Klarissen der Ersten Regel bezeichnet wurden, und die *Klöster von Santa Maria von Jerusalem* (1494).

DIE ARMUT DER REICHEREN KLÖSTER

Am Rande dieses neuen »franziskanischen Frühlings des 15. Jahrhunderts« gab es einige reformresistente Klöster, die meist der Urbanregel folgten. Versunken in die alltäglichen Bequemlichkeiten, ließen sie die pastoralen Mahnbriefe ihrer Visitatoren wirkungslos an sich vorbeigehen. Nicht die Urbanregel ist verantwortlich für eventuelle Lockerungen; doch paradoxerweise wurden gerade diese materiell »abgesicherten« Klöster mehr von materiellen Sorgen und Unsicherheiten heimgesucht als die armen. Ein großer Teil der Archivdokumente aus dieser Zeit sind Prozessakten, Schiedsurteile, Kauf- und Verkaufverträge, Pachtverträge, Gebührenerhebungen, Quittungen und Empfangsbestätigungen usw.

Für die urbanistischen Klöster scheint es in dieser Zeit die allgemeine Regel geworden zu sein, dass Familien der Novizin eine Mitgift mitgaben. Für ärmere Mädchen blieb nur die Lösung, dem Kloster als Konverse zu dienen, was in den Klöstern der Ersten Regel quasi nicht vorkam.

Aus der Frömmigkeit der Zeit entstanden im franziskanischen Raum zwei neue Orden: die *Konzeptionistinnen*, 1489 gegründet zunächst als Zisterzienserinnen von der hl. Beatrice da Silva († 1490), nach deren Tod sie von Alexander VI. die Erlaubnis erhielten, die Klararegel anzunehmen. Später erhielten sie eine eigene Regel, die auf der Regel Klaras aufbaute. Und die *Annuntiatinnen*, gegründet von der hl. Johanna von Valois († 1505). Sie wurden dem II. Orden zugerechnet, da sie von Anfang an unter der Leitung der Observanten standen und an den Privilegien der Klarissen Anteil hatten.

Jetzt gab es also den Orden in zwei großen Gruppen; die eine wurde von den reformierten, die andere von den nicht reformierten Klöstern gebildet. Was die Reformierten verband, war nicht eine einheitliche Regel, sondern der religiöse Eifer, in dem die jeweilige Regel befolgt wurde. Auf spiritueller Ebene lag bei den italienischen Klarissen der Akzent eher auf einem individuell geprägten Leben der innigen Verbindung mit dem himmlischen Bräutigam, bei den Coletinnen auf dem Gebet für die Bekehrung der Sünder und bei den Klarissen aus der Gruppe »Ave Maria« auf einem strengen Bußleben.

Die zweite, vielleicht größere Gruppe der nicht reformierten Klöster lebte in der ganzen Bandbreite zwischen Lockerung von allem und Gewissenhaftigkeit in allem, verbunden vor allem mit den Konventualen. Was aus all diesen dennoch einen Orden machte, war der einheitliche Bezugspunkt in Klara von Assisi: In ihrem Sinn ein armes, geschwisterliches und ausschließlich kontemplatives Leben zu führen, kennzeichnete alle Gemeinschaften mehr oder weniger. Selten ging der Besitz über das hinaus, was sie zum Leben brauchten. Die Renteneinnahmen befreiten die Schwestern nicht von der Handarbeit, und zwar alle nicht, unabhängig von ihrer Herkunft. In Ferrara beispielsweise musste Caterina Vigri, die spätere hl. Katharina von Bologna, trotz all ihrer Gaben als Dichterin und Künstlerin sehr viele Jahre lang das Amt des Brotbackens für die Gemeinschaft ausüben, obwohl es ihr Augenlicht in Gefahr brachte.

Die Option für das kontemplative Leben blieb ein weiteres Charakteristikum der Klarissen. Inhalte ihrer Frömmigkeit waren die Verehrung der Eucharistie, der Menschwerdung und besonders der Passion des Herrn.

Das 16. Jahrhundert ist das Jahrhundert der Renaissance und der Reform, d.h. das Jahrhundert eines neuen Aufschwungs der westlichen Zivilisation und der tiefen Spaltung seines religiösen und spirituellen Lebens. Die Entdeckung der Neuen Welt durch Kolumbus (1492), Magellans Reise um die Welt (1519–1522) und Cortez' Eroberung Mexikos veränderten die Lebensdimensionen. Die Adligen, die sich bisher als Schützer der Klöster gezeigt hatten, verloren an Macht. Für die Frauen wuchs die Möglichkeit, an Bildung teilzuhaben. Das Kloster war nicht mehr die einzige Alternative zur Ehe, zumindest im Adel, deren Eintritte abnahmen. Einen großen Anteil in den Gemeinschaften bildeten Töchter von Bürgern und königlichen Beamten, während die Konversen, allgemein Analphabeten, überwiegend vom Land kamen. Geld galt als Quelle des Aufstiegs für jeden. Dazu setzte sich mit der Entwicklung der Wirtschaft ein neuer Menschentyp durch. Während sich einerseits alles um das Individuum zu drehen begann, wuchsen Ängste und Unsicherheiten. Der Mensch des 16. Jahrhunderts sah angesichts seiner ihm bewussten eigenen Wirklichkeit klar, dass es Kräfte gab, gegen die er nichts vermochte: Er fühlte sich bedroht vom Teufel, von den Sternen, vom Schicksal. Die Sorge um das Heil, die Luther quälte, war die Sorge einer ganzen Generation. Seine Thesen von 1517 schienen daher vielen Christen die notwendige Antwort zu enthalten.

ZEITZEUGINNEN

Wie es den Klarissen in dieser Zeit erging, lässt sich aus zwei Chroniken erfahren: Caritas Pirckheimer schrieb die Erinnerungen ihres Klosters in Nürnberg nieder und Schwester Johanna von

Jussie berichtete über die Situation ihrer Gemeinschaft in Genf. Die deutschen Klarissen waren notwendigerweise die ersten, die von der protestantischen Reform betroffen waren. Nürnberg war damals eine Stadt von bescheidenem Ausmaß (ca. 25.000 Einwohner), aber eines der großen kulturellen Zentren Europas, wo sich Gelehrte und Künstler trafen, und zugleich wichtiger wirtschaftlicher Punkt an der Handelsstraße, die von Italien bis zur Nordsee führte. Wie das Kloster Monteluce in Perugia ein intellektueller und spiritueller Brennpunkt der Klöster Italiens war, so das St. Klarenkloster in Nürnberg im deutschen Raum, vor allem nach der Wahl der Caritas Pirckheimer 1503 zur Äbtissin. Caritas entstammte wie viele ihrer Gefährtinnen dem Adel der Stadt. Die ganze Gemeinschaft widmete sich begeistert dem Studium der Bibel und der Kirchenväter, besonders des hl. Hieronymus. Viele, die die politische und geistige Welt ihrer Zeit prägten, suchten das Gespräch mit dieser Äbtissin.

> Nach einem Gespräch mit Philipp Melanchthon, dem engsten Mitarbeiter Martin Luthers, notierte die Äbtissin Caritas Pirckheimer: »Wir stimmen in allen Punkten auf beiden Seiten überein, außer der Gelübde wegen konnten wir nicht einig werden. Und er schied in guter Freundschaft.«

In den Zeiten großer Verwirrung, geistiger Auseinandersetzung, von Hass und Fanatismus war sie mit ihren Schwestern wie ein ruhender und fester Pol. Caritas setzte sich argumentativ mit dem Luthertum auseinander und widerstand, auch nachdem die Stadt protestantisch geworden war. Vermutlich auf Anregung von Caritas hielten mehrere Schwestern von 1524 bis 1528 die Ereignisse der Auseinandersetzungen mit dem Rat der Stadt und seinen Vertretern in einer Chronik fest. Der Klosterpfleger Kaspar Nützel versuchte die Äbtissin zur Bekehrung zur neuen Lehre zu bewegen und sagte u.a., es gehe das Gerücht, dass Caritas nicht nur ihren eigenen Konvent, sondern auch die umliegenden Frauenklöster, die bei ihr Rat suchten, beeinflusste. Wenn sie sich also bekehre, würde sich der

Hl. Klara
Moderne Ikone

ganze Landstrich bekehren. Sie tat es nicht und starb nach vielen schmerzlichen Auseinandersetzungen und ertragenen Schikanen am 19. August 1532.

Eine weitere Chronik, die der Klarissen in Genf, von Johanna von Jussie geschrieben, informiert detailliert über die Vorkommnisse in der Auseinandersetzung mit dem Kalvinismus.

KIRCHLICHE REFORMEN

Die Zeit nach dem Konzil von Trient (1545–1563) war gekennzeichnet von einer außerordentlichen Vitalität des Ordenslebens, das sich in vielfältiger Form neu zeigte. Es war die Zeit der Teresa von Avila (1515–1582) und des Johannes vom Kreuz (1542–1591), es entstanden die Augustiner-Chorfrauen; insgesamt lag der Schwerpunkt mehr auf der apostolischen Aktivität als auf der Kontemplation.

Die Situation der Klarissen ist ausgesprochen komplex in dieser Zeit. Ein Element der Vereinheitlichung brachte das Trienter Konzil. Die Dekrete, die Missbräuche bekämpfen wollten, wandten sich allgemein an alle Orden bezüglich der Observanz der drei Gelübde, wie auch der Klausur, der Erlaubnis zu gemeinschaftlichem Besitz, der Wahl der Oberen, des sakramentalen Lebens, und für die eintretenden Mädchen wurde ein so genanntes »kanonisches Examen« eingeführt, um von einem Beauftragten des Bischofs die Freiheit der Entscheidung zu überprüfen. Nachfolgende Päpste verstärkten noch detaillierter die Klausurvorschriften, was am Ende alle Klöster – egal welcher Couleur – in strengere Disziplin führte.

Auch wenn die Klarissen der Ersten Regel den eifrigsten Kern des Ordens bildeten, gaben sie dennoch keinen homogenen Block ab aufgrund ihrer je eigenen Herkunftsgeschichte und Entwicklung. Doch es gibt gemeinsame Züge. Nach den Beschlüssen des Konzils von Trient, das sich sehr um den Lebensunterhalt der Nonnen sorgte, wurde fast allen Gemeinschaften auferlegt, beim Eintritt der Tochter eine Mitgift oder wenigstens eine minimale Verpflichtung der Eltern zu verlangen.

Typisch für alle diese Gemeinschaften war geschwisterliches Leben in strenger Klausur. Unabhängigkeit von der Herkunft und in allen sozialen Unterschiedlichkeiten führten alle dasselbe Leben der Buße und taten die anstehenden häuslichen Arbeiten. Man trat nicht bei den »armen Klarissen« ein, um das eigene Leben in frommem Rückzug zu beenden, sondern die Berufungen wurden streng geprüft. Das stärkte den einheitlichen Lebensentwurf und die geschwisterliche Einheit. Die Klausur gehörte bei den Klarissen der Ersten Regel fraglos einheitlich dazu.

Zum geistlichen Eifer der Schwestern zählte auch das Verlangen, die Gedanken ihrer Gründer besser kennen zu lernen. Einige Klöster kopierten die Klararegel und die Konstitutionen Coletas und baten die Brüder z. B. um einen Kommentar zur Regel. Inhalte ihrer Frömmigkeit waren Krippe, Kreuz, Eucharistie, aber der Hauptakzent lag auf dem Kreuz und auf dem Leiden Christi für die Erlösung der Sünder.

GRÜNDUNG DER
KLARISSENKAPUZINERINNEN

Geplant hatten die Kapuziner keinen weiblichen Zweig ihrer Reform. Die Spanierin Maria Lorenza Longo (1463–1542) widmete sich als Witwe in Neapel ganz dem Dienst der Armen und Kranken. Von Paul III. erhielt sie 1535 die Erlaubnis zur Klostergründung, nahm drei Jahre später die Regel Klaras, dazu die Konstitutionen Coletas und Abschnitte aus den Kapuzinersatzungen, und gründete so den Zweig der Klarissen-Kapuzinerinnen. »Armut, hartes Leben, Zurückgezogenheit in strenger Klausur, schwesterliche Einfachheit und ein besonders intensives Gebetsleben sind die Merkmale, die den Kapuzinerinnen allgemeine Wertschätzung brachten.«

REFORMBEDÜRFTIGKEIT

Im 16. und 17. Jahrhundert stellten die Urbanistinnenklöster die große Mehrheit dar. Außer dort, wo die Gründer oder Schwestern ausdrücklich etwas anderes wünschten, wurde allen Neugründungen automatisch die Urbanregel gegeben. Jede Gemeinschaft verfügte über ein Grundvermögen zur Sicherung des Lebensunterhaltes. Zur Aufnahme der Schwestern gehörte normalerweise auch ein Vertrag, der die finanziellen Angelegenheiten regelte. Die Verwaltung des Besitzes brachte viele Unannehmlichkeiten wie das Eintreiben von geschuldeten Renditen mit sich, wovon Archive voller Prozessakten heute noch sprechen. Dabei waren die Belastungen oft größer als die Einkünfte: Es musste gezahlt werden für den Unterhalt der Ordensfrauen, der Hausangestellten, der Gebäude, des Klosters und des Besitzes, Löhne für alle, die für das Kloster arbeiteten, wie Steuereintreiber, Notare, Ärzte, dazu verschiedene Gebühren usw. Ein Urbanistinnenkloster glich einem »Mikrokosmos der Gesellschaft«.

Mit der Zeit schlichen sich Gewohnheiten ein, die mit dem ursprünglichen Lebensideal wenig zu tun hatten. In Italien und vor allem in Spanien hatten einige Klöster die Gewohnheit angenommen, an vielen Tagen der Woche nur Brot und Wein an die Schwestern auszuteilen. Notgedrungen mussten die Schwestern für eigenes Einkommen sorgen.

In Faenza war das Privateigentum der Einzelnen so groß, dass der Bischof während einer seiner Besuche den Eindruck hatte, es mit einer Horde Händlerinnen zu tun zu haben! Auch war der Gemüsegarten so aufgeteilt, dass jede ihr Beet mit einer Hecke umgeben konnte, um die eigenen Hühner halten zu können. Jede kochte ihre Lieblingsspeisen in ihrer Zelle, die dafür gut gerüstet war. Den ärmeren Schwestern blieb nur die allgemeine Brotration und Arbeit für ihren Lebensunterhalt. Die Klausur wurde meist nicht mehr beachtet als die Armut.

MIT VEREINTEN KRÄFTEN

Erst in der Folge des Trienter Konzils, unter energischen Interventionen der Päpste und Bischöfe, häufig unterstützt von den zivilen Autoritäten, kam mit Hilfe der Observanten ein Reformprozess in Gang – allerdings nicht als allgemeine Bewegung, sondern individuell in den Klöstern, und das nicht ohne Hindernisse und nicht mit einem Schlag, wie die Reform des Protomonastero in Assisi deutlich macht. Im 16. Jahrhundert lebten die Schwestern dort nach der Urbanregel und waren in eine leichte Dekadenz verfallen, erschwert durch die Kämpfe der Minderbrüder (Observanten, Konventualen, Amadeer) um die Jurisdiktion dieses Klosters, die dann vom Bischof ausgeübt wurde, was wiederum die Brüder nicht widerspruchslos hinnahmen. Es gab mit dem Kloster verbunden nie große Skandale, wohl aber verschiedene Zeiten der Lockerung, gegen die eine Minderheit von Schwestern, die den Spuren Klaras folgen wollte, nichts ausrichten konnte.

Einer der Dekadenzgründe lag in der Einmischung von Familien: Sie erzwangen oft die Aufnahme von Mädchen, ohne dass deren Berufung wirklich geprüft war, weil es eine Ehre war, eine Tochter in Santa Chiara zu haben, was zugleich eine Abwehr »fremden« Schwestern gegenüber zur Folge hatte, die aus anderen Städten kamen. Aus dem Jahr 1575 sind Klagen der Einwohner der Stadt vor dem Bischof gegen diese »Fremden« überliefert.

Über Jahre hin zogen sich Erneuerungsversuche und Rückfälle. 1630 gab es neue Zeichen der Dekadenz: Einige Schwestern aßen nicht im Refektorium, kamen nicht zum gemeinsamen Gebet, hatten ihre persönlichen Einkünfte. Die Äbtissin wusste, dass Schwestern ohne Erlaubnis ins Sprechzimmer gingen, Geschenke annahmen und verteilten – aber sie besaß nicht genug Autorität, um das abzuschaffen. Zu dieser Zeit hatte das Kloster 49 Professschwestern, 1 Novizin, 7 Konversen, 2 Pensionärinnen; 3 Arbeiter waren mit dem Kloster verbunden, der Kaplan, der Gutsverwalter, der Maultiertreiber, drei Glöckner für die Basilika, die Bäckerin und 3 Dienerinnen. Auch die Nekrologe enthüllen einige Informationen. Das höchste Lob, das einer Äbtissin des 17. Jahrhunderts gemacht wurde, bestand häufig in der »Weisheit und Umsicht ihrer Verwaltung«. Mit der Zeit gelang es, die Missbräuche abzuschaffen, aber die Mentalität ließ sich nicht so schnell ändern.

MISSIONARISCHE AUFBRÜCHE IN DIE NEUE WELT

In den folgenden Jahrhunderten fügten die Klarissen sich in die weite missionarische Bewegung ein. Als 50 Jahre nach den Eroberungen die ersten Frauenklöster in der Neuen Welt entstanden, ging es vorwiegend um zwei Ziele: zur Evangelisierung Lateinamerikas beizutragen, um die christliche Bildung der jungen Indianerinnen und Mestizen zu gewährleisten und den Wunsch einiger spanischer Einwanderer nach kontemplativem Leben zu erfüllen. Zunächst entstanden nicht direkt kontemplative Klöster, sondern so genannte *recogimentos*, Häuser der Zurückgezogenheit. Sie waren eine Art Zufluchtsort für Frauen und Mädchen, die keine ausreichende Mitgift für einen Klostereintritt aufbrachten und hier unter der Leitung einer Verantwortlichen, aber ohne kanonische Regel lebten. Die Spannbreite verlief zwischen streng klausuriert und offen.

Da die ersten Klöster Amerikas im Zentrum der spanischen Stadtbevölkerung entstanden, galt das Leben der spanischen Klöster als Modell. Das erste kontemplative Frauenkloster war ein Kloster der Konzeptionistinnen in Mexiko (gegründet zwischen 1545 und 1547), und das erste Klarissenkloster entstand in Santo Domingo (1551). In Peru, Ecuador, Kolumbien, Chile, Guatemala und Brasilien folgten weitere Gründungen noch vor Ende des 16. Jahrhunderts. Manila auf den Philippinen (1620) und Macao an der chinesischen Küste (1633) blieben für dreieinhalb Jahrhunderte die einzigen Gründungen der Klarissen in Asien.

Klarissen aus Kenia,
Februar 2011

BESINNUNG AUF INNERE STRUKTURIERUNG

Im Aufschwung der tridentinischen Reform gab es in der ersten Hälfte des 17. Jahrhunderts eine enorme Zunahme an Klöstern. In Paris stieg ihre Anzahl von 30 im Jahr 1590 auf 100 im Jahr 1650. Das ließ bald ganz konkrete Schwierigkeiten auftauchen: Die große Zahl brachte das wirtschaftliche Gleichgewicht der Ordensgemeinschaften selbst in Gefahr. Die Stadträte waren beunruhigt, da zahlreiche Ländereien unveräußerliches Gut geworden waren und für die rapide anwachsende Stadtbevölkerung kein Siedlungsgrund vorhanden war. Dazu kam die Abnahme an Wohltätern. Man sprach im 18. Jahrhundert von einer Krise der Berufungen! Bei Klosteraufhebungen wurde in den Listen der Mitglieder auch das Alter vermerkt: Sehr oft sind nur wenige Schwestern unter 30. Bei den Kapuzinerinnen in Amiens gibt es in einer Gemeinschaft von 35 Schwestern nur eine Einzige unter 30 und zwanzig zwischen 30 und 50 – also überaltert für damalige Verhältnisse. Es ist eine Zeit, in der die Klöster sich mehr auf ihre innere Strukturierung besinnen und damit beginnen, der eigenen Geschichte mehr Bedeutung beizumessen, sie festzuhalten für nachfolgende Generationen.

Im 18. Jahrhundert herrschte eine recht gesunde Einstellung. Einer Schwester, die um Erlaubnis bat, für ihre Sünden besondere Buße tun zu dürfen, soll die damalige Äbtissin von Lyon geantwortet haben: »Nein, meine Tochter, tu Buße aus Liebe oder für den Nächsten, aber deine Sünden überlass der götlichen Barmherzigkeit.«

Die Konstitutionen von Lavaur zeigen einen damals typischen Tagesablauf:
- Wecken um 4 Uhr
- Gebet der Matutin und Laudes um 5 Uhr, gefolgt von einer halben Stunde Meditation

- 7 Uhr Gebet der Prim, anschließend eine halbe Stunde geistliche Lesung
- Messe um 8.30 Uhr, danach Terz, Sext und Non
- Mahlzeit um 10.30 Uhr und 1 Stunde Rekreation (gemeinsame Erholung), während der man über die gehörte Tischlesung spricht
- Vesper und Komplet um 15 Uhr, danach eine halbe Stunde geistliche Lesung
- Abendessen um 17.30 Uhr
- nach dem Abendessen Gewissenserforschung, Muttergotteslitanei, Ankündigung des Themas der Meditation, verschiedene Gebete
- Ruhe um 21 Uhr

Manche Klöster beteten die Matutin nachts, standen dafür aber eine Stunde später auf.

Zu anderen Zeiten: Näharbeiten in einem Gemeinschaftsraum mit Austausch über die geistliche Lesung oder den Tagesheiligen (normalerweise wurde in einem etwas geheizten Raum des Klosters gearbeitet).

ENTWICKLUNGEN IN IRLAND, FRANKREICH UND IM HABSBURGER REICH

Gerade in den katholisch geprägten Ländern wie Irland, Frankreich und dem Habsburger Reich mussten die Klarissen einiges an Prüfungen durchstehen: Die irischen Klarissen erlitten zwischen 1629, als sie in Dublin zu gründen versucht hatten, und 1810 schwierige Zeiten, die sie lange Zeit ins Exil verbannten. Zurückgekehrt nach Irland, teilten sie sich: Während die Schwestern von Galway wieder ein kontemplatives Leben mit der Regel Klaras und den Konstitutionen Coletas aufnahmen, entschieden sich die Schwestern von Dublin zu einem gemischten Leben als »Apostolische Kongregation der Schwestern der hl. Klara«.

In Frankreich gerieten die Klöster in große finanzielle Schwierigkeiten. Die Mentalität der Menschen richtete sich auf die Nützlichkeit der Klöster, so dass die Nonnen nicht mehr auf die Unterstützung der Autoritäten – weder der zivilen noch der kirchlichen – zählen konnten. Letztere förderten die Gemeinschaften, die sich der Erziehung oder anderen »nützlichen« Dingen widmeten. Nicht anders war es in den Habsburger Ländern, wo der Erlass zur Aufhebung der Klöster wie die Klinge der Guillotine niedersauste. Das Mönchsleben, so sagte der aufgeklärte Rationalismus dieser Zeit, »widerspreche der Vernunft, den Menschenrechten und der Natur«. 1783 hob Josef II. alle kontemplativen Klöster auf, da sie »dem Staate nichts nützten«.

Mit ihrer Parole von »Freiheit, Gleichheit, Brüderlichkeit« ging die Französische Revolution hart gegen die Klöster vor. Von den mehr als 1.100 Klarissenklöstern, die es um 1700, der Zeit der größten Ausdehnung des Ordens, in aller Welt gab (davon 35 in Übersee, fast alle in Lateinamerika), blieben beim Fall Napoleons 1815 noch 700 übrig. In Deutschland regelte der Reichsdeputationshauptschluss 1803 die Säkularisation.

Der Wunsch nach Erinnerung wurde wach. Um 1830, bevor die letzten Zeugen der Französischen Revolution starben, wurden Berichte darüber verfasst, was die Schwestern in dieser Zeit erlebt hatten. Eines der interessantesten Zeugnisse gerade auch dieser Zeit der Verfolgung ist das *Memoriale von Monteluce* in Perugia. Es ist die Chronik des Klosters, die fünf Jahrhunderte dokumentiert, Jahr für Jahr und manchmal sogar Tag für Tag. Die zweite Hälfte des 19. Jahrhunderts bringt in ganz Europa wieder einen neuen Aufschwung der Klöster. Ohne die Grenzen Europas zu überschreiten, kann man einige der Neugründungen dieser Zeit als missionarisch betrachten, da sie aus diesem Geist unternommen wurden. 1854 gründete Mutter Maria Bouillevaux in Paris die Gemeinschaft der Franziskanerinnen vom Allerheiligsten Sakrament, zunächst als regulierten III. Orden. Nach dem II. Vaticanum wurde der Name in »Klarissen von der Ewigen Anbetung« geändert.

Zwei Ereignisse, die das Protomonastero in Assisi betrafen, bewegten die Klarissen in aller Welt in dieser Zeit: Am 23. September 1850 wurde der Leichnam der hl. Klara wiedergefunden, und 1893 entdeckte man eher zufällig das Original der Bulle *Solet annuere* mit dem Text der Regel der hl. Klara.

Nach dem Auffinden des Grabes der hl. Klara setzte eine
rege Korrespondenz zwischen den Klöstern aller Welt und
Assisi ein.

Alle verlangten nach Teilhabe. Dazu kam, dass nach den ausgestande-
nen Leiden der Revolution und vergangener Unterdrückungen die Dinge sich zwischen den verschiedenen Klöstern vereinfacht hatten: Es
drängte sie zu ihrer großen Heiligen. Viele Gemeinschaften, die bis dahin der Urbanregel gefolgt waren, entschieden sich neu für die Klararegel mit neuen Konstitutionen. Die Weise, die Armut zu leben, wurde
neu bedacht. Das Protomonastero selbst beschloss, von der Urbanregel
abzugehen und wieder nach der Ersten Regel zu leben. Klara war allen
nähergekommen.
Weitere Verbindungen unter den Klöstern entstanden 1912 anlässlich
der 700-Jahr-Feier der Gründung des Ordens. Ungefähr 12.000 Klarissen
lebten in aller Welt in ungefähr 600 Klöstern, vorwiegend in Europa,
mit einzelnen Neugründungen in Nordamerika und im Nahen Osten.
Da im 19. Jahrhundert die Kirche mit Aufbauarbeiten beschäftigt war,
hatte man die Ausbildung in den Seminaren vernachlässigt, was zur Folge hatte, dass die Laien manchmal ein höheres Ausbildungsniveau hatten
als die Kleriker. Bischöfe und Priester lenkten die jungen Frauen nicht
mehr zu den kontemplativen Klöstern, sondern lieber zu den Kongregati-
onen, die sich in karitativen Werken einsetzten. Die Ausbildung in den
Klöstern war recht einseitig: Man las Handbücher zur christlichen Vollkommenheit, die die Novizenmeisterin kommentierte. Zugang zur Bibliothek war nur mit Erlaubnis der Äbtissin möglich, die auch die Bücher
zuteilte und der einen oder anderen Schwester erlaubte, darin zu studieren,
so wie es günstig erschien, was aber meist aus Sorge um möglichen Stolz
eingeschränkt wurde. Lesen gehörte in den Bereich der Muße, und der
Tag war voll ausgefüllt mit Handarbeiten. Das Gebet wurde nicht recht
genährt; man bevorzugte mündliche Gebete, Andachten und Litaneien.
Auch in dieser Zeit sprach man von einer »Krise der Berufungen«, da der
ländliche Exodus begleitet war von einem Verlust religiöser Bezüge der

vielen neuen Stadtbewohner. Wenn schon kirchliches Engagement, dann lag der Akzent mehr auf der Unterstützung der christlichen Familie als auf kontemplativem Leben.

DIE ZEIT DER WELTKRIEGE

Beide Weltkriege brachten den Klarissen Ausweisungen und Aufhebungen ihrer Klöster. Als positive Folge zeigte sich die dadurch in Gang gebrachte weltweite Ausbreitung des Ordens.

Nach dem Zweiten Weltkrieg kam eine andere Generation von Mädchen ins Kloster: mit Berufserfahrung, Erfahrung im kirchlichen Engagement der verschiedenen Gruppierungen, bessere Allgemeinbildung. Doch war ihre leibliche und psychische Gesundheit stark beeinträchtigt. Vorherrschend war die Bereitschaft, bewusst im Geist der Buße Leiden auf sich zu nehmen, um darin die Einheit mit dem leidenden Jesus Christus zu finden und auf diese Weise Verantwortung für die Welt zu übernehmen. Die geistliche Intensität war oft verknüpft mit einer »materiellen« Treue: äußerst wortgetreues Beten des Stundengebetes, striktes wörtliches Befolgen der Konstitutionen.

Mit der Apostolischen Konstitution *Sponsa Christi* (1950) richtete sich Pius XII. an die kontemplativen Klöster und ermutigte sie in ihrer Berufung. Zwei ergänzende Dokumente von 1950 und 1956 rieten zur Bildung von Föderationen, um gegenseitige Hilfe zu erleichtern, und präzisierten die Klausurregelungen. Das Errichten von Föderationen erwies sich als mühsam, da viele Ängste vor allem um die eigene Autonomie abgebaut werden mussten. Heute sind fast alle Klarissenklöster in Föderationen nach sprachlicher Zugehörigkeit vereinigt.

Der anglikanische Franziskaner Algy Robertson ist Initiator eines Ordens der hl. Klara in der Kirche von England. Er begann 1942 mit zwei Frauen des anglikanischen III. Ordens, die zunächst als »Oblatinnen der hl. Klara« lebten und denen sich bald weitere Frauen anschlossen. Im Januar 1950 konnte die wachsende Gemeinschaft sich in St. Mary's

House in Freeland bei Oxford niederlassen. Ihre Lebensregel basiert auf der Klararegel, Franziskustexten und Konstitutionen, die sie in regelmäßigen Abständen aus ihren Erfahrungen heraus weiterschreiben und verändern.

Das II. Vatikanische Konzil nahm nachhaltigen Einfluss auf das Ordensleben in seiner Konstitution *Lumen Gentium*, dem Dekret *Perfectae Caritatis* und dem Motuproprio *Ecclesiae sanctae*, das die Kriterien und Normen des Konzils zur Anwendung bringt. Die Folge waren neu erarbeitete Generalkonstitutionen, an denen auch eine Gruppe Klarissen aus verschiedenen Ländern mitarbeitete (mit dem Spitznamen »Schwestern Lerchen«). Die Instruktion *Venite seorsum* (1969) befasste sich mit den Klausurbestimmungen der päpstlich klausurierten Nonnen, also auch der Klarissen.

1983 begann unter der Leitung von Sr. Margareta Sterzinger in der Diözese Feldkirch (Österreich) eine neue kontemplative Lebensweise auf der Grundlage der Klararegel. 2010 sind Gründungen in Österreich (Bregenz und Frastanz) und Deutschland (Isny/Allgäu und Saarbrücken) verzeichnet.

Das *Annuario Pontificio 2011* gibt für das Jahr 2009 folgende Daten an: Klarissen: 7.171 Schwestern in 549 Klöstern; Klarissen-Kapuzinerinnen: 2.064 Schwestern in 151 Klöstern; Klarissen-Kapuzinerinnen vom Heiligsten Sakrament: 281 Schwestern in 21 Klöstern; Klarissen-Urbanistinnen: 970 Schwestern in 80 Klöstern; Klarissen von der ewigen Anbetung: 530 Schwestern in 44 Klöstern; Konzeptionistinnen: 2.000 Schwestern in 160 Klöstern; insgesamt also 13.016 Schwestern.

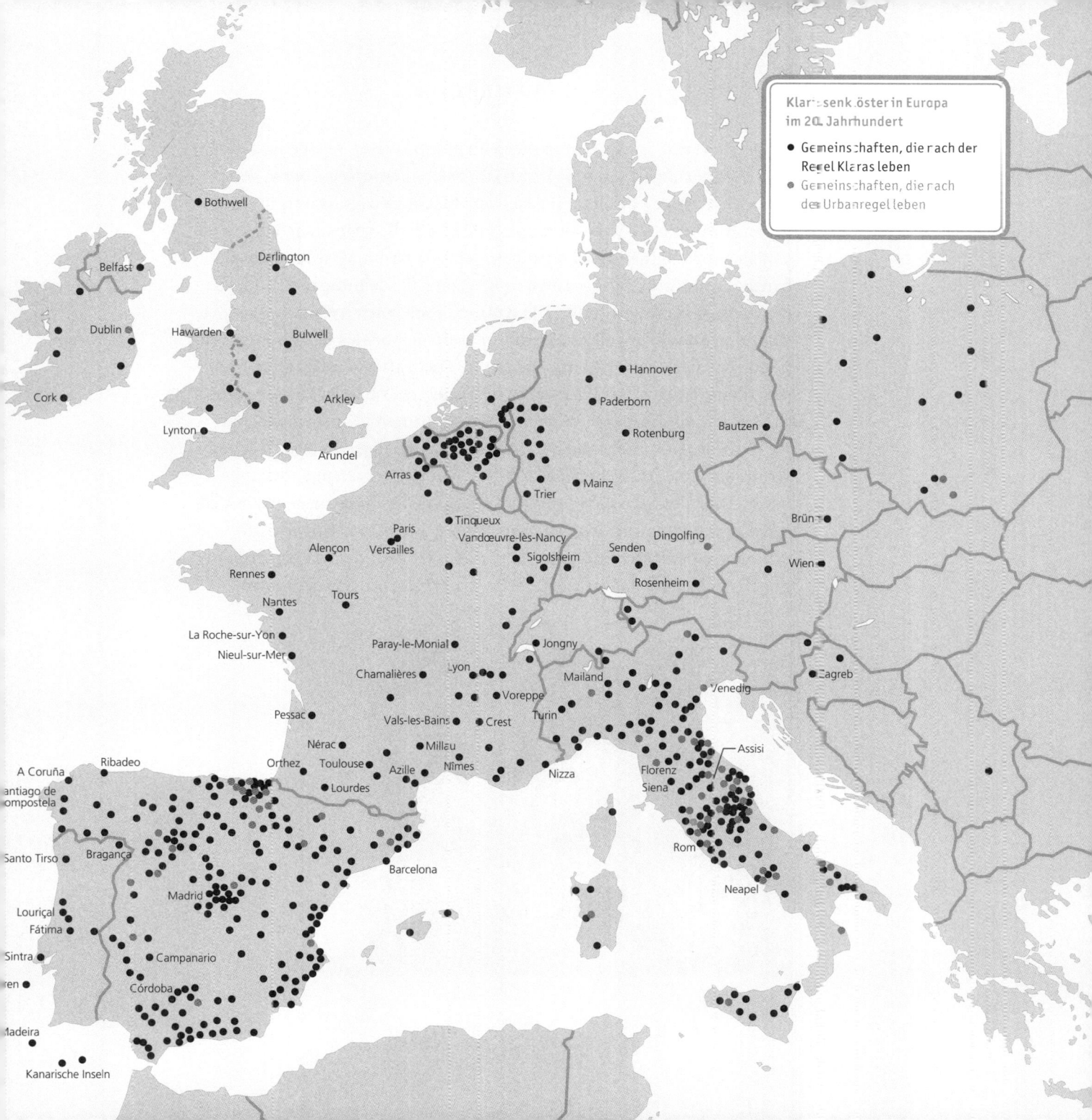

Bothwell

Belfast

Dublin

Cork

Hawarden

Lynton

Darlington

Bulwell

Arkley

Arundel

Arras

Hannover

Paderborn

Rotenburg

Bautzen

Brünn

Wien

Zagreb

Mainz

Trier

Tinqueux

Paris

Alençon

Versailles

Vandœuvre-lès-Nancy

Sigolsheim

Senden

Dingolfing

Rosenheim

Rennes

Nantes

Tours

La Roche-sur-Yon

Nieul-sur-Mer

Paray-le-Monial

Jongny

Mailand

Venedig

Lyon

Chamalières

Voreppe

Turin

Assisi

Pessac

Vals-les-Bains

Crest

Nizza

Florenz

Siena

Nérac

Millau

Nîmes

Rom

Orthez

Toulouse

Azille

Lourdes

Barcelona

Neapel

A Coruña

Ribadeo

Santiago de
Compostela

Santo Tirso

Bragança

Madrid

Louriçal

Fátima

Sintra

Córdoba

Campanario

Madeira

Kanarische Inseln

Wagt man einen Gesamtblick über 800 Jahre des Ordens, kann man sagen, dass die Klöster, die sich auf die Regel der hl. Klara bezogen, weniger anfällig für gesellschaftliche Wirren waren als diejenigen, die durch die Verwaltung ihrer Güter in die wirtschaftlichen und sozialen Belange der Bevölkerung verwickelt waren. Während die Urbanregel minutiös Alltagsdinge regelt (wie z.B. Kleidung u. Ä.), die sich zeitbedingt verändern, stellt Klara ihren Lebensentwurf auf die zeitlose Grundlage des Evangeliums, fügt ihn in ein personales Beziehungsgefüge ein, das sie nach außen und innen entfaltet – als lebendige Beziehung und nicht als starre Struktur – und relativiert selbst die höchste Armut auf das »auskömmliche Leben« hin. Aufhebung von Klöstern geschah im Laufe der Geschichte oft aus politischen, sozialen, wirtschaftlichen Gründen, von kirchlichen oder zivilen Autoritäten verfügt oder angestrebt. Dekadenz des klösterlichen Lebens lässt sich festmachen am Verlassen der Armut und der Kontemplation. Sowohl das Aufgeben der Armut wie der Kontemplation hat die Missachtung der Klausur zur Folge gehabt. Klausur ist daher nicht das Kriterium, nur das Symptom.

Kongress der Klarissen, Assisi 2008

Klarissen in Assisi, 2006

gerufen

staunt
schwestern
groß ist unsere berufung

lebt
voll freude und dank
was ihr bekommen habt

nicht allein für euch
lebt

MARTINA KREIDLER-KOS

KLARAS ALLTAGS-GESTALT

Mit dem langen Atem der Liebe

VOM ALLTAG IN SAN DAMIANO

MARTINA KREIDLER-KOS

Vielleicht ist das Unternehmen dieses Kapitels ein unmögliches: Wir müssen davon ausgehen, dass unmittelbar nach Klaras Tod niemand daran interessiert war, die Alltäglichkeit ihres Lebens festzuhalten, sondern gerade im Gegenteil, ihre Besonderheit, ja ihre Heiligkeit auszuweisen. Bewegen wir uns dann nicht auf dünnem Eis, wenn wir versuchen, aus den Quellen einen Einblick in den Alltag der Gemeinschaft von San Damiano zu bekommen? Ist es also eine ungebührliche Neugier, die diese Frage veranlasst? Oder einfach eine Laune der Forschung?

DAS ALLTÄGLICHE IM HEILIGEN

Das Motiv ist ein tieferes: Es ist unsere Zeit, die eine Antwort auf gerade diese Frage sucht: Wie hat sich ein Mensch, der seine Beziehung zu Gott intensiv gestalten wollte, im alltäglichen Leben bewährt? Wie kam er oder sie zurecht mit der Suche nach Gott in einem langen Leben, in dem der Glaube mit Ermüdung und Kleinigkeiten, das Absolute immer wieder mit dem Unwichtigen zu kämpfen hat? Was uns heute an Heiligen faszinieren könnte, ist ihr Umgang mit den Bedingungen des Lebens, mit seiner Unvollkommenheit, seinen Fragen. Dort, wo Heilige uns ähnlich gewesen sind oder zumindest ähnlich sein könnten, liegt der Schlüssel zu unserer Aufmerksamkeit.

Vermutlich gibt es keinen direkten Zugang zu einer solchen Sicht auf Klaras Leben, weil diese Fragestellung in den Quellen nicht reflektiert

Abb. S. 94:
Schwestern
Tafelbild der hl. Klara
(1283, Detail), Basilika
S. Chiara, Assisi

wird. Aber es gibt einen indirekten: die Suche nach Spuren des Alltäglichen in diesem heiligen Leben. Auch wenn niemand das im Sinn hatte, ist immer wieder Dokumentation des Alltags von San Damiano geschehen – zwischen den Zeilen, unbeabsichtigt. Nebenbemerkungen aufzuspüren heißt also die Aufgabe oder noch grundsätzlicher, die Blickrichtung zu ändern: Einmal nicht nach den großen Dingen zu fragen, sondern nach den kleinen.

Wir werden nur Spuren finden, nur Fragmente. Diese aber können unser Klarabild bereichern und uns Klara näherbringen. Zwei Aspekte können sie uns sehr deutlich und vor allem lebendig vor Augen halten: Klara lebte ihren Glauben nie allein und sie hat diesen Glauben mit dem langen Atem der Liebe durch ein langes Leben getragen.

KÜCHENGESPRÄCHE

W o Menschen leben, müssen sie essen. Das war auch in San Damiano nicht anders. Selbst wenn es in der Klararegel heißt: *Zu jeder Zeit sollen die Schwestern fasten* (KlReg 3,8), so brauchten doch auch diese Schwestern mehr als Luft und Liebe, um am Leben und bei Kräften zu bleiben. Die Sorge um das tägliche Brot bestimmte ihren Alltag wie den aller Menschen aller Zeiten. Hier sind deshalb fünf Szenen ausgewählt, die einen Einblick in die Küche der Gemeinschaft gewähren. Auch wenn heute niemand mehr sagen kann, wie diese konkrete Küche beschaffen gewesen ist, geht es in jenen Szenen um das, was sich neben der Zubereitung von Speisen vorzugsweise in Küchen abspielt: um Nahrung und Arbeit, um Sorge, Trost und Staunen.

Die erste Szene findet im ersten Sommer der Gemeinschaft und genaugenommen draußen bei *einer bestimmten kleinen Mauer in der Nähe der Haustür* (ProKl 1,46) statt. Das Öl ist zur Neige gegangen und zwar *so gänzlich, dass sie überhaupt nichts mehr davon hatten* (ProKl 1,44). Sicher ist ein pflanzliches Öl gemeint, Olivenöl etwa, wie es auch heute noch in Umbrien produziert wird. Da solches Öl zu den Fastenspeisen zählte, also eines der wenigen Lebensmittel war, die in San Damiano genossen werden durften, war es kein Luxusgut, aber wichtig.

Klara reagiert auf den Mangel in kluger Gewohnheit. Sie ruft einen der Brüder, die für die Schwestern betteln gehen, und bittet ihn, in der Stadt nach Öl zu fragen. Ob es ihr schwergefallen ist, einen Nahrungswunsch so konkret zu äußern? Auf alle Fälle trifft sie die nötigen Vorbereitungen, wäscht ein Gefäß aus und stellt es auf jene besagte Mauer, die als Kontaktstelle für solche Bettelgänge dient. Dann überlässt sie dem Bruder alles Weitere. Jener aber findet das Ölgefäß bereits gefüllt, niemand ist gesehen worden, der Gelegenheit gehabt hätte, dies zu tun. *Obwohl man gründlich suchte, fand man niemanden, der das Öl eingeschenkt hätte* (ProKl 1,48), erzählt Schwester Pacifica.

Es geschieht also gleich im ersten Jahr der Gemeinschaft ein Wunder, und zwar eines, das keine erwartet, ja nicht einmal erbeten hat, und das strenggenommen auch nicht notwendig gewesen wäre. Der Bruder wäre Betteln gegangen, und selbst ohne seine erfolgreiche Rückkehr hätten die Schwestern überleben können. Dieses Ölwunder ist eine großzügige Geste Gottes, die für Gesprächsstoff und für langes, stilles Nachsinnen gesorgt haben dürfte.

Erst Jahre später wird die Gemeinschaft Wunder existentieller Art erleben, Hilfestellungen Gottes, die sie vor strengem Hunger und roher Gewalt bewahren. Dieses frühe Wunder aber muss gerade in seiner Großzügigkeit und Unerwartetheit die Schwestern berührt haben, muss eine besondere, motivierende Zusage in ihre waghalsige Anfangszeit hinein gewesen sein. Und ganz nebenbei: Dieses frühe Wunder auf der kleinen Mauer von San Damiano dürfte auch an den Brüdern nicht spurlos vorbeigegangen sein.

> Manches Mal wurde in der Küche dieser Gemeinschaft nicht nur gestaunt und gedankt, sondern auch heftig diskutiert.

Das ist heute nicht anders, oft kommt man in Grundsatzfragen am besten in der Küche weiter. Offensichtlich ist es mehr als einmal geschehen, dass die Brüder auf diese kleine Mauer nicht nur die erbettelten Reste aus der Stadt legten, sondern ganze, heile Brotlaibe, die aufmerksame Menschen ihnen mitgegeben hatten. Sr. Filippa erzählt, dass Klara von solchen Gaben keineswegs begeistert war. Als eher skeptisch und fragend wird ihre Reaktion beschrieben: *So sehr wäre Klara eine Liebhaberin der Armut gewesen, dass sie, wenn die Almosensammler des Klosters als Almosen ganze Brotlaibe mitbrachten, diese zurechtwies, indem sie nachforschte und fragte: ›Wer hat euch diese ganzen Brotlaibe gegeben?‹* Man merkt, dass diese Erzählung nach einer Erklärung ruft, das Protokoll des Heiligsprechungsprozesses lässt die Zeugin deshalb hinzufügen: *Klara sagte das, weil sie es lieber hatte, als Almosen gebrochene Brotreste als unversehrte Brotlaibe zu bekommen* (ProKl 3,35–36). Ist es nicht ungebührlich, sich über solche Geschenke nicht zu freuen, sondern – im Gegenteil – die Brüder zurechtzuweisen? Und: Sind diese überhaupt die richtige Adresse, sind sie denn verantwortlich für die Spenden aus der Stadt? Wir wissen weder, wie oft solche Diskussionen stattgefunden haben, noch, wie sie ausgegangen sind. Ob die Brüder sich anschließend bemüht haben, wohlmeinende Spenderinnen und Spender umzustimmen? Ob Mitschwestern Klara von deren Großherzigkeit zu überzeugen versuchten? Ob die Brote für Freude oder weitere Auseinandersetzungen bei Tisch sorgten? Sr. Filippa findet einen Hinweis auf Klaras große Armutsliebe in dieser Szene, deshalb erscheint sie ihr wert und wichtig, vor Gericht geschildert zu werden. Wir dürfen das mit ihr annehmen und weiterhin daraus schließen, dass es in San Damiano in verschiedener Hinsicht nicht immer einfach gewesen ist, von den Gaben der Menschen zu leben.

KÜCHENMEDIZIN

Auch das ist eine Küchen-Erfahrung, damals wie heute: Man braucht nicht immer eine Apotheke, um Schmerzen zu lindern und Heilung zu beschleunigen. Oftmals dient als Medizin, was sich in

Vorratsschränken finden lässt: ein Tee, eine kräftige Speise oder ein starkes Gewürz. Auch Klara greift auf Nahrungsmittel zurück, um Gottes heilsamen Willen sinnfällig werden zu lassen.

Sr. Andrea aus Ferrara zum Beispiel, eine im Todesjahr der Klara bereits verstorbene Schwester, die – wie vermutlich andere in San Damiano auch – an Begleiterscheinungen der Tuberkulose litt, plagten so genannte Skrofeln im Hals. Das sind Drüsenschwellungen, die Erstickungsängste und auch einen plötzlichen Verlust der Stimme verursachen können. Die Erzählung hält ein ungebührliches Verhalten der Erkrankten fest: Dass Andrea sich bei einem nächtlichen Anfall mit beiden Händen heftig den Hals zupresst, wird als suizidale Versuchung gedeutet.

In jener Nacht liegt die kranke Schwester nicht im selben Schlafraum wie Klara. Dennoch erwacht Klara, *durch den heiligen Geist* (ProKl 3,45), den man – nebenbei bemerkt – gar nicht eigens bemühen müsste, denn niemand schläft fest, nicht einmal im Nebenzimmer, wenn es einem Anvertrauten schlecht geht. Klara handelt schnell und diskret. Sie schickt eine Mitschwester zuerst zur Kranken, dann in die Küche: *Geh schnell nach unten in den Schlafraum, denn Schwester Andrea ist schwer krank! Erwärme ein Ei für sie und gib es ihr zu trinken. Und wenn sie ihre Stimme wieder hat, dann bringe sie zu mir!* (ProKl 3,48–50) Aufschlussreich ist das Ei, dessen Erwärmung Klara anordnet. Es gehört nicht zu den Fastenspeisen, steht aber zur Verfügung – für kranke Schwestern, weil diese vom Fasten ausgenommen sind.

> Klara hat offensichtlich Überblick über die Nahrungsmittel in der Küche von San Damiano, dazu pflegerische Kenntnisse genug, um schnell einschätzen zu können, welches zu welchem Zeitpunkt als Heilmittel dienen könnte, und sie kann klare, erst einmal der Not geschuldete Anweisungen geben.

Wir wissen nichts über die Augenblicke in der Küche zwischen der Kranken und der Botin, nichts über Klaras Warten auf dem Schlaflager, nichts über die Erleichterung, dass auf einfachem Wege eine erste Lösung gefunden wurde. Nur von einem anschließenden Gespräch wird erzählt. Dieses allerdings muss für alle Beteiligten unangenehm gewesen sein: Andrea möchte nicht mit dem konfrontiert werden, was vorgefallen ist. Sie möchte mit Klara nicht reden, aber – man höre und staune – sie könnte es. Denn eines hat sie sicher wiedergewonnen, ihre Stimme. Und am Ende gar eine Einsicht: Weil ein Ei und sorgende Schwestern zur Stelle waren, konnte der Anfall überstanden werden. Danach war es möglich und an der Zeit, die Beziehung zu Gott neu in den Blick zu nehmen. Klara hat Andrea beide Male weitergeholfen.

In einer anderen Geschichte geht es ebenso um akute Erstickungsgefahr wie um einen Lernschritt. Sr. Cecilia wird lange Zeit von einem hartnäckigen Husten geplagt; besonders schlimm wird er, wenn sie etwas essen will. An einem Freitag, dem strengsten Fasttag, kommt es zu einem heftigen Anfall. Klara reicht Cecilia in diesen Hustenanfall hinein ein Stück *focaccia*, etwas Gebackenes. Kein Gespräch ist überliefert, nur diese konkrete Tat. Nach den Fastenregeln von San Damiano sind mittwochs und freitags gekochte oder gebackene Speisen für gesunde Schwestern verboten – wenn sie nicht ohnehin total fasten. Cecilia nimmt Klaras »Medizin« deshalb nur *mit großer Sorge* (ProKl 4,29) an. Zählt sie sich trotz des grimmigen Hustens nicht zu den Kranken?

> Wenn die kritische Wachsamkeit, eine der sorgenden Eigenschaften Klaras ist, so finden wir hier ihre Fähigkeit, einen anderen Menschen liebevoll auf die Überschätzung der eigenen Kräfte hinzuweisen.

Diese Aufgabe hat Klara übrigens auch für Agnes von Prag übernommen (3Agn 40–41) und Franziskus und der Bischof von Assisi ihrerseits für Klara (ProKl 1,25). Immer weisen die einen die anderen sanft darauf hin, dass *unser Fleisch weder Fleisch aus Erz ist, noch Felsenkraft unsere Kraft* (3Agn 38). Wir Menschen haben unsere Grenzen. Für Cecilia hatte diese Erkenntnis offensichtlich heilsame Wirkung, ihr Husten verschwand.

Hl. Klara
Holzschnitt von
Dávid Mária Kiss
(1992)

Gehen wir abschließend tatsächlich in die Küche von San Damiano. Um das Jahr 1237 muss etwas Großartiges geschehen sein: Etwa fünfzig hungrige Schwestern gehen zu Tisch und ein kümmerlicher Rest Brot reicht aus, um sie alle satt wieder aufstehen zu lassen. Dieses Brotwunder ist eine der großen Szenen in Klaras Leben, ähnlich wie die Rettung vor den feindlichen Sarazenen.

Es ist Essenszeit, und Klara beauftragt jene Sr. Cecilia, einen letzten Brotrest für alle Schwestern aufzuschneiden.

Es ist nicht anzunehmen, dass Klara täglich Anweisungen in der Küche gegeben hat, sondern dass sich in dieser Aktion eine dringende Frage spiegelt: Nahrung geht zur Neige, Mangel hat sich eingeschlichen, spürbar in Mägen und Herzen. Die Schwestern, mindestens jene, die in der Küche Dienst tun, sind mutlos geworden. Klara muss sie eigens ermuntern, den gewohnten Dienst auch unter widrigsten Bedingungen fortzusetzen. Aus ihrem ungeheuerlichen Auftrag entwickelt sich ein Gespräch. Skeptisch – oder hoffnungsvoll? – protestiert Cecilia zunächst: *Um daraus fünfzig Scheiben zu machen, wäre jenes Wunder des Herrn mit den fünf Broten und zwei Fischen notwendig!* Klara geht auf den ebenso ehrbaren wie anmaßenden Einwand nicht ein. Sie bleibt dabei: *Geh und mach es so, wie ich dir gesagt habe!* (ProKl 6,54–55)

> Und wirklich, das Wunder vom See Genesaret, das über fünftausend Menschen eine hungrige Nacht ersparte und Gottes liebevolle Sorge spürbar werden ließ, kann sich in der Küche von San Damiano wiederholen. Cecilia schneidet fünfzig gute, dicke Scheiben aus der letzten Brotkante.

Es fällt auf, dass dieses große Wunder, das so viele Schwestern miterlebten, das ihnen aus arger Not geholfen hat und das noch dazu mit deutlichem biblischem Bezug vorgetragen wurde, in den Akten der Heiligsprechung nicht mehr Widerhall gefunden hat. Einzig Cecilia erwähnt dieses Wunder, von den Erinnerungen der übrigen Schwestern hören wir nichts. Auch die biblische Parallele bleibt ohne Kommentar. Trotz dieser Tragweite bleibt es ein unscheinbares Wunder, das in der Küche zwischen Klara und Cecilia seinen Anfang nehmen und die ganze Gemeinschaft am Leben erhalten kann. Wenn Gott seine großen Wunder wiederholen mag, so darf man nachdenklich schließen, kann dies überraschend leise geschehen.

SCHNITTSTELLEN

Die Schwestern von San Damiano leben zurückgezogen, ihre Verbundenheit mit dem himmlischen Geliebten bleibt geschützt. Doch wie überall im Leben gibt es Schnittstellen: Die Schwestern bewohnen eine Kapelle, die nicht ihnen gehört, sie leben in Rufweite einer Stadt, die sie mit Nahrung und Anliegen versorgt. Ihre Lebensweise strahlt aus, sorgt für Diskussionen und spornt andere Gemeinschaften an. Ihr Vertrauen erreicht Hilfesuchende und Neugierige, es gibt Gäste aller Provenienz, die in San Damiano willkommen geheißen werden wollen. Die wichtigste Schnittstelle, eine Pforte samt Pförtnerin und Helferin, beschreibt Klara in ihrer Regel genau. Die Schwestern selbst aber nennen in ihren Berichten schlicht und einfach den *Ort, an dem man mit den Schwestern sprechen kann* (ProKl 4,64 und 7,41).

Gelegentlich kam sogar hoher Besuch dorthin. In der Osterzeit 1220 beehrte Kardinal Hugolin von Ostia das kleine Kloster. Vermutlich verweilte er stundenweise, es ist kaum vorstellbar, dass er in all der schwesterlichen Kargheit angemessen zu beherbergen gewesen wäre. Einige Jahre später kam es zur erneuten Begegnung. Noch einmal war der nun zum Papst Avancierte den Hang hinab gestiegen, um Klara und die Schwestern aufzusuchen. Und – dies nur nebenbei – um eine entscheidende Erfahrung in Sachen weiblicher Beharrlichkeit mit nach Rom zu nehmen.

In Klaras Todesjahr schließlich besuchte einer seiner Nachfolger, Innozenz IV., die Schwestern, und das vermutlich mehrfach. Papstbesuche, das mag man sich zusammenreimen, schaffen neben all ihren spirituellen Impulsen und kirchenpolitischen Konsequenzen auch allerhand Aufregung – und Arbeitseinsätze für Gastgeberinnen.

Auch einfachere Priester und Brüder kamen und gingen. Die Schwestern fertigten Stoffe zur würdigen Aufbewahrung des Leibes Christi an. Sie arbeiteten ohne Lohn, aber da Klara gerne gelehrte Predigten hörte, dürfte der eine oder andere den Schwestern seinen Dank in Verkündigung und Schriftauslegung gezollt haben. Franziskus predigte mindestens einmal in San Damiano (2 C 207), Bruder Philippus Longus ebenfalls (ProKl 10,28 und LebKl n.37). Die Priester nahmen die für ihre Kirchen bestimmten Arbeiten mit, die Brüder übernahmen übrige Botengänge. Ein wichtiger Dienst, den sie auch nach Franziskus' Tod noch zuverlässig versahen, war der Brieftransport und womöglich auch Hilfestellung beim Schreiben. Wir wissen, dass Klaras Briefe nach Prag ihr Ziel durch die Hände hilfreicher Brüder erreichten, wenn nicht die Gefahren der Straße eine Überbringung vereitelten. Wir wissen ebenfalls, dass Klara zumindest ihren letzten Brief diktiert hat. Mag sein, dass ein gelehrter Bruder – eine kundige Schwester nicht auszuschließen – ihr dabei zur Hand gegangen ist.

Textilhandwerkliches oder Schreibkunst, Brüder sorgten dafür, dass Austausch von Gutem und Gütern mit der schwesterlichen Gemeinschaft gelingen konnte.

So ist anzunehmen, dass Brüder in San Damiano ein und aus gingen, und nicht nur bis zu der kleinen Mauer, auf der sie die Almosen ablieferten. Anders als durch vertraute Begegnungen ist etwa Klaras und Agnes' Verbundenheit mit Bruder Elias kaum zu erklären. In der Zeit, in der der kranke Franziskus bei San Damiano gepflegt wurde, waren zudem Brüder nahe gewesen. Ein Sorgenkind des Franz schließlich, der geisteskranke Br. Stefano, durfte sogar in San Damiano *ein wenig*

schlafen (ProKl 2,47–52 und 3,34). Seine Heilung brauchte nicht viel mehr als Schlaf, Nahrung und Nähe. Dass schließlich drei der engsten Gefährten des Franziskus an Klaras Sterbelager standen und Klaras Nachfolgerin im Amt der Äbtissin, Sr. Benedetta, von Br. Leo das Brevier des Franziskus in Empfang nehmen durfte, deutet auf enge Verbindungslinien auch über Klaras Tod hinaus zwischen den wandernden Brüdern und den sesshaften Schwestern hin.

HAUSARBEIT

In San Damiano lebten zahlreiche Schwestern auf engem Raum. Es fiel also auch genügend Arbeit innerhalb der Gemeinschaft an. Da waren kranke Schwestern, die einer besonderen Zuwendung bedurften, da waren sogar Kinder, die im Kloster abgegeben worden waren. Vielleicht waren diese kleinen Bündel Brüdern vor die Füße gefallen, vielleicht hatten entschiedene Verwandte frühe Weichen gestellt. Wir wissen jedenfalls von zwei Mädchen, die im Kloster aufwuchsen und später als Schwester Lucia von Rom und Schwester Agnes di Oportulo dort dauerhaft lebten.

Kinder beim Aufwachsen zu begleiten, bringt nicht nur staunendes Glück, sondern auch allerhand Alltagsarbeit mit sich. Sie müssen genährt und gewaschen, beschäftigt, gefördert und begrenzt werden – auch und gerade hinter Klostermauern. Ebenso bedarf die Pflege Kranker und Verzweifelter der Bereitschaft, sich auf die Bedürfnisse des Alltags einzulassen. Kranke Menschen müssen gesäubert und verbunden werden, brauchen Trost, Nahrung und Heilpläne.

All das verlangt Ausdauer und Kraft. Allein die Zubereitung von Nahrung beansprucht mehr Sorgfalt, auch unter strengsten Fastenvorgaben für den gesunden Teil der Gemeinschaft. Die Gewährleistung von Hygiene ist aufwändiger. Wir hören, dass Klara eigens darum besorgt gewesen ist: Sie stellt Wasser zum Waschen der Hände zur Verfügung, sie reinigt Füße, sie schrubbt die Krankenstühle, in denen Notdurft verrichtet wird. Ganz nebenbei erfahren wir noch aus spirituellem Geschehen wie Klaras Vision von der Brust des Franziskus, dass sie vertraut war mit pflegerischen Aufgaben, etwa Wasser zu erwärmen und saubere Tücher bereitzuhalten (ProKl 3,93–98). Es wird allen Mühe abverlangt haben, die Sauberkeit im ganzen Haus im Blick zu behalten. Irgendwer muss den Schwestern auch regelmäßig die Haare geschnitten haben. In der Darstellung eines Bußrituals erzählt Sr. Filippa, wie Klara sich angesichts des drohenden Angriffs der Sarazenen auf die Stadt Assisi Asche auf den Kopf streute, *den sie sich hatte scheren lassen* (ProKl 3,68).

Die Nähe zu den Geplagten fordert auf engstem Raum eine besondere Form der Solidarität.

Ansteckende Krankheiten können sich leicht verbreiten, Ärgernisse größer werden, als sie sind. Die verschiedenen Askesepraktiken der Schwestern dürften ein zusätzliches Einfallstor für Schwächungen aller Art gewesen sein. Franziskus muss diese Alltagsmühen sensibel wahrgenommen haben. Im Winter 1224/25 liegt er selbst schwer krank in einer Hütte bei San Damiano. Er dichtet ein Lied für die Sorgenden und ermutigt sie, in Liebe, Geduld und Armut ihre Arbeit fortzusetzen. Dieses Lied hat in der inneren Bilderwelt der Schwestern Spuren hinterlassen. Viele Jahre später sieht Sr. Benvenuta in einer Sterbevision, wie Klara von gekrönten himmlischen Freundinnen für ihren Weg ins Paradies im Schlafsaal von San Damiano abgeholt wird. Einst im Himmel mit Maria gekrönt zu werden ist die Hoffnung, welche Franziskus in seinem Trostlied formuliert hat. Mindestens Benvenuta scheint das nicht vergessen zu haben.

So gibt es in all den wiederkehrenden Mühen tief beglückende zwischenmenschliche Momente. Geheilte Menschen suchen in ihrer Dankbarkeit die Nähe der Schwestern. Wir erfahren von einer Frau aus Pisa, die extra nach Assisi eilt, um Klara für ihre Heilung zu danken (ProKl 4,64 und 7,41). Wir wissen von Heilungserfahrungen etlicher Mitschwestern. Es dürften sich vielfacher Jubel und Dank in ihren Alltag gemischt haben.

Nicht nur in Haus und Hof fiel täglich Arbeit an, auch außerhalb hatten Schwestern Dinge zu erledigen. Es ist weiterhin eine Frage, ob es Außendienstschwestern im Sinne von Mägden in San Damiano gegeben hat oder ob dieser Dienst als ein rotierender Aufgabenbereich zu verstehen ist, den verschiedene, dafür geeignete Schwestern je nach Bedarf versahen. Klaras Sprachgebrauch in ihrer Regel und Schwester Angeluccias treue Wortwahl in den Prozessakten (ProKl 14,37) legen die zweite Möglichkeit nahe. Was aber hatten diese Schwestern außerhalb zu tun? Von Klara erfahren wir nur, dass sie nicht vergessen sollten, *Gott zu loben, wenn sie Menschen oder andere Geschöpfe, wenn sie schöne Bäume, Blüten oder Blätter sähen* (ProKl 14,37–38).

Doch welche konkreten Arbeiten fallen an, die es notwendig machen, einen Dienst außerhalb des Klosters zu institutionalisieren? Für das Almosensammeln sind offiziell die Brüder zuständig. Übernehmen diese auch die Kontaktpflege? Wir wissen von Nachrichten, die zwischen Kloster und Stadt ausgetauscht wurden, etwa Klaras Rat und Bitte an Herrn Ugolino, sich mit seiner Frau zu versöhnen, oder die Kunde von der Bedrohung durch die Sarazenen. Sicher ist hier vornehmlich an die Rolle der Brüder zu denken, doch betrifft der Nachrichtenaustausch auch die Schwestern selbst. Sonst würde Klara in ihre Regel keinen eigenen Passus aufnehmen, dass ein solcher Austausch weder auf dem einen noch auf dem anderen Wege in ungebührlicher Weise geschehen sollte (KlReg 9,15–16).

Die Erfahrungen der Gemeinschaft wurden schon früh bis in die umliegenden Dörfer und Städte getragen, durch Brüder, durch bittende und dankbare Menschen. Nur auf diese Weise ist etwa der Eintritt Sr. Benvenutas aus Perugia bereits im September 1211 vorstellbar. Wir hören aber auch von persönlichem, schwesterlichem Austausch zwischen ähnlich ausgerichteten Gemeinschaften. Sr. Pacifica und Sr. Balvina berichten von Auswärtsaufenthalten, die sich bis weit über ein Jahr erstrecken konnten (ProKl 1,42 und 7,27). Wir wissen überdies, dass Klaras leibliche

Schwester Agnes Ende der zwanziger Jahre in eine andere Kommunität wechselte, mag es nun diese in Perugia oder im weiter entfernten Florenz gewesen sein (AgnKl). Allein diese Reisen mussten geplant und durchgeführt und außerdem deren unmittelbare Konsequenzen begleitet werden:

> Die Gemeinschaften wurden zu Anziehungspunkten, interessierte Frauen, die von diesem Leben Kenntnis gewonnen hatten, klopften an. Sie wollten willkommen geheißen und in ihren ersten noch unerfahrenen Schritten begleitet werden. Franziskus selbst, das wissen wir, schickte einmal fünf Kandidatinnen nach San Damiano (ProKl 6,45).

Damit wir schließlich aus einem offiziellen päpstlichen Dokument schon im Dezember 1219 erfahren können, dass auch für andere Gemeinschaften im Umkreis die regulären Observanzen, also die Lebensweise von San Damiano, gelten dürfe (OSD 3), ist ein engagierter Austausch über Mauer- und Stadtgrenzen hinweg vorauszusetzen, den alleine die Brüder oder engagierte kirchliche Würdenträger, selbst wenn sie es gewollt hätten, nicht hätten leisten können.

HAT JEDE AUCH GENUG ZU TUN?

Klara hält in ihrer Regel fest, dass die Schwestern nicht nur beten, sondern auch arbeiten sollen (KLReg 7,1–5). Von ihr selbst wird erzählt, sie sei unermüdlich tätig gewesen. Da in Krankheitsphasen schwere Hausarbeit oder Botinnendienste außerhalb der eigenen Möglichkeiten liegen, ist es einsichtig, dass die Schwestern sich der Handarbeit zuwandten. Die Erziehung im adeligen Wohnturm und die dort errungenen Fertigkeiten dürften das ihre zu dieser Entscheidung beigetragen haben. So erfahren wir, dass Schwestern *genäht* (ProKl 1,34) haben und Klara *mit einem Faden* (ProKl 1,31.33 und 6,39) gearbeitet hat. Letzteres kann viel bedeuten, von feiner Stickkunst bis hin zu groben Webarbeiten. Wahrscheinlich stickte Klara, denn sie konnte ihre Arbeit im Bett sitzend, von Kissen im Rücken gestützt, verrichten. Schwer vorstellbar, dass sie dort mit aufwändigen Gerätschaften hantiert hat. Ganz abgesehen davon, dass, wie wir hören, ein kleines Tier in der Lage war, ihr die nötigen Utensilien zu bringen.

Solches Textilhandwerk ist vermutlich nicht von Anfang an Teil der gemeinschaftlichen und alltäglichen Beschäftigung gewesen. Erst in einem Stadium, in dem für mehr oder weniger gehandicapte Schwestern eine Arbeit gefunden bzw. der angestiegenen Größe der Gemeinschaft Rechnung getragen werden musste, werden die Frauen darauf zurückgegriffen haben.

Diese Tätigkeit ließ sich gut in ihre Spiritualität einfügen, der Hochschätzung der Eucharistie konnte auf diese Weise Ausdruck geschaffen werden. Und auch der Armut blieben die Schwestern verpflichtet; wo sie kostbares Material verwendeten, war es nicht für sie selbst, sondern für den Leib des Herrn in den Kirchen der Diözese bestimmt.

Dass die anfallenden Arbeiten die Tage der Gemeinschaft mühelos ausfüllten, zeigt die kleine Episode mit der Katze, die uns Schwester Francesca erzählt. Als Klara einmal im Schlafsaal liegt und sich an ihre Handarbeit machen will, findet sich keine, die sie ihr reichen könnte. Klara ist offensichtlich nicht in der Lage, sie sich selbst zu holen, und alle anderen Schwestern sind entweder selbst bettlägerig oder zu beschäftigt, als dass sie reagieren könnten. Da springt auf wundersame Weise eine Katze ein, die die angefangene Arbeit zunächst über die Erde schleift, auf strenge Maßregelung hin aber sorgfältig zusammenrollt und vorsichtig zu Klara trägt (ProKl 9,51–55).

Die Handarbeit in San Damiano beschränkte sich vermutlich nicht allein auf liturgische Stoffe. Auch die Kleidung der Schwestern musste hergestellt und öfter noch ausgebessert werden. Textilhistorische Erkenntnisse zeigen, dass es zwischen der heute in San Francesco ausgestellten Kutte des Franziskus und dem in Santa Chiara gezeigten Mantel Klaras einen stofflichen Austausch gegeben hat. Einige der Flicken auf der Kutte des Bruders sind vom Stoff des Mantels der Schwester genommen. Mit auffallender Sorgfalt und eigenem Stich hebt sich diese Näharbeit vom weiteren Flickwerk ab.

Unabhängig von der Frage, ob und wann Franziskus oder Klara das jeweilige Kleidungsstück tatsächlich getragen haben und ob es Klara selbst gewesen ist, die jene Kutte ausgebessert hat, kann daran zumindest eines abgelesen werden: In San Damiano wurde Kleidung geflickt und offensichtlich nicht nur schwesterliche. Auch Brüder scheinen auf die handwerklichen Fähigkeiten der Schwestern dankbar zurückgegriffen zu haben.

Auf zwei Arbeitsfelder jenseits von Küche, Pforte, Krankenstube, Kindererziehung und Handarbeit kann aus den Quellen ebenfalls vorsichtig rückgeschlossen werden: auf Gartenarbeit und Küsterinnendienste. Ein Garten ist in San Damiano nicht ausdrücklich bezeugt. Wir haben wenig Kenntnis von den baulichen Grenzen des Gebäudekomplexes zur Zeit Klaras, allein die Geschichte der kleinen Kirche ist gut rekonstruiert. Doch Klara sieht einen solchen Garten in ihrer Regel vor. So ist es durchaus vorstellbar, dass bereits die Schwestern von San Damiano ein kleines Stück Land bestellten, *als Garten für ihren eigenen Bedarf* (KlReg 6,15). Möglich, dass dieser Garten außerhalb lag – wie weit entfernt auch immer –, was die Arbeitsbereiche der Schwestern und ihre Außendienste eigens erhellen könnte.

Die regelmäßigen Gebetszeiten in der Kapelle brachten sicher einen Dienst in Sakristei und Kirchenraum mit sich. So müssen die Glocke geläutet und die Lampen entzündet werden. Von beidem wissen wir, dass Klara diesen Dienst übernommen hat, wann immer sie konnte. (ProKl 2,31–32). Auch für den Kommunionempfang, die Beichte und die anderen Sakramente müssen Priester bestellt, empfangen und begleitet werden.

Dass Alltagsarbeit viele kleine und große Sorgen mit sich bringt, versteht sich von selbst. Wir erfahren aber auch ausdrücklich von Dingen, die Schwestern belastet haben. Damit sind an dieser Stelle nicht Erfahrungen wie die große Angst vor den gewaltsamen Übergriffen der Sarazenen gemeint. Dieser Angriff auf das Kloster war – Gott sei Dank – ein einmaliger und ging dazu noch glimpflich aus. Gemeint ist die Sorge um einander, die entsteht, wenn man das Leben miteinander teilt. Klaras Askese etwa war ein solcher Grund zur Sorge für die Schwestern, wenigstens in den ersten Jahren. Sr. Pacifica erzählt, sie hätte deshalb oft geweint (ProKl 1,20). Andere Schwestern formulieren es vorsichtiger: Sie hätten sich gewundert, wovon Klara überhaupt lebe, oder hätten gemeint, Klara müsse von Engeln gespeist worden sein (ProKl 4,12). Bei Tränen oder Staunen aber konnten sie ihre Reaktion nicht immer belassen, gelegentlich sahen sie sich auch gezwungen zu handeln: So nahmen sie Klara das raue Bußgewand aus Pferdeschwanzhaaren weg, das sie heimlich unter ihrer Tunika trug. Es muss so unerträglich gewesen sein, dass selbst eine eifrige, junge Schwester nach drei Tagen aufgab, weil es so *hart war, dass sie es überhaupt nicht aushalten konnte* (ProKl 10,3). Für diesen Beschluss ist ein Verständigungsprozess unter den Schwestern vorausgesetzt, der sich jenseits von Klaras Autorität und mitten in ihrem alltäglichen Zusammenleben vollzogen haben muss.

Noch etwas anderes machte den Schwestern Kummer: Klara hörte die Kunde von den auf einer Missionsreise im Januar 1220 in Marokko hingerichteten fünf Brüdern, den ersten Märtyrern der franziskanischen Familie. Das Martyrium galt im Mittelalter als höchste Form der Gottesliebe. Noch heute bedeutet ein solcher Tod, dass für eine Heiligsprechung keine Wunder bezeugt sein müssen. Das Martyrium eines Menschen ist Wunder genug, ihn aufgehoben zu wissen bei Gott.

Klara äußerte im Schwesternkreis den Wunsch nach einem solchen Tod, indem sie Reisepläne nach Marokko schmiedete. In der mittelhochdeutschen Überlieferung dieser Szene wird auf die Ungebührlichkeit dieses

Wunsches hingewiesen: Er ziemte sich nicht für eine Frau. Ob Klara dabei an die langen Pilgerreisen ihrer Mutter dachte? Steckte hinter diesem Wunsch überhaupt irgendeine realistische Einschätzung ihrer Situation? Oder wollte sie vielmehr zum Ausdruck bringen, wie sehr sie sich nach einer Gelegenheit sehnte, für Gott einzustehen? Wir wissen das alles nicht. Wir wissen nur vom Erschrecken der Schwestern und von ihren Tränen. Diese allerdings lassen auf eine Beunruhigung schließen, die es nur schwer erlaubt, Reisepläne Klaras gänzlich in den Bereich der Phantasie zu verweisen.

Wenn es auch nicht gleich Nordafrika sein musste, die Schwestern begannen in den folgenden Jahren vorsichtig auszuschwirren, um andere Gemeinschaften zu begleiten. Ob man sich in diesem Zusammenhang auch über einen Ortswechsel Klaras Gedanken machte? Schon eine Reise oder ein Umzug innerhalb Norditaliens hätte einen schmerzhaften Abschied mit sich gebracht, wie der Brief der leiblichen Schwester Agnes ein paar Jahre später eindrucksvoll bezeugt (AgnKl).

Eine große Sorge treibt auch Klara zeitlebens um. Wir haben bereits davon gehört, wie sehr sie fürchtete, das Privileg der Armut zu verlieren. Diese Sorge machte Klara zur Gemeinschaftsangelegenheit, immer wieder erzählen Schwestern, wie Klara sie zum Ausdruck brachte. Sr. Pacifica berichtet, *Klara wäre sehr besorgt gewesen um die Treue zur Lebensweise ihres Ordens und um die Leitung ihres Ordens, so sehr wie kein Mensch es je um die Bewahrung seines Schatzes auf Erden sein könne.* Die Begründung dieser Einschätzung liefert sie mit dem Hinweis auf das lange, nahe und alltägliche Zusammenleben: *Und diese Dinge, sagte sie, wüsste sie, weil sie immer bei Klara gewesen wäre ungefähr vierzig Jahre und etwas mehr* (ProKl 1, 40–41).

DAS HEILIGE IM ALLTÄGLICHEN

Nicht nur Sorgen der Gemeinschaft sind uns überliefert, auch Freude und gelungene Nähe mitten im Alltag ist dokumentiert. Ein kleines, aber feines Beispiel dafür ist der nächtliche Weckdienst Klaras. Die Schwestern erzählen davon, weil sie die Unermüdlichkeit betonen wollen, mit der Klara sich um das eigene und das gemeinschaftliche Gebetsleben kümmerte. Ganz nebenbei gewähren sie uns einen leisen Einblick in ihre Umgangsformen. Offensichtlich gab es auch in San Damiano Langschläferinnen, die trotz Glockengeläut einer nochmaligen Aufforderung bedurften, um das nächtliche Gebet verrichten zu können. Auf solche Schwächen scheint Klara nicht ungehalten reagiert zu haben. Vielmehr ging sie selber nachsehen, um die im Schlafsaal Verbliebenen mit *ihrem Zeichen* (ProKl 2,33 und 10,8) zu wecken. Wir erfahren nicht präzise, welcher Art dieses Zeichen gewesen ist, wir wissen nur, dass es ein zartes war, eine schweigende Berührung.

Die Schwestern mochten Klara. Sie war ihnen geistliche Lehrerin, die sie in der eigenen religiösen Berufung begleitete, sie war sorgende Mutter, die seelische und körperliche Bedürfnisse erkannte und Ideen hatte, diesen zu begegnen, sie war Vorbild in Sachen Standhaftigkeit und Ausdauer. Sie war auch ein Grund zur Freude: *Wenn sie vom Beten wiederkam, schien ihr Gesicht noch klarer und heller als die Sonne,* erinnert sich Sr. Amata (ProKl 4,10).

Sr. Pacifica erzählt: *Wenn sie vom Gebet zurückkam, hatten die Schwestern solche Freude an ihr, als wäre sie vom Himmel wiedergekommen* (ProKl 1,28) Und manchmal, ergänzt Sr. Cecilia, konnten die Schwestern ihre durch die Nähe zu Gott gewonnene Klarheit und Schönheit nicht nur sehen, sondern auch hören: *Klara wäre beim Beten wachsam gewesen, in der Anbetung entrückt, so sehr, dass manches Mal, wenn sie vom Beten wiederkam, ihr Gesicht noch klarer schien als sonst und sich aus ihrem Mund ein ganz eigener sanfter Wohlklang verströmte* (ProKl 6,10). Klara ließ die Schwestern offensichtlich teilhaben an intensiver und beglückender Gotteserfahrung. Allein die Erzählungen von ihren letzten Stunden sind voll von solch geteilter Nähe.

DER LANGE ATEM
DER LIEBE

Klara hat einen langen Atem besessen. Im Ringen um ihre Lebensform ist dies bereits mehr als deutlich geworden. Vermutlich lag hierin der Grund: Es ist ihr gelungen, Tag für Tag dem Heiligen in ihrem Herzen Raum und Zeit zu geben. An Agnes von Prag schrieb sie um 1235: *Wie Maria ihn in ihrem Leib getragen hat, so kannst auch du ihn immerfort und ohne Zweifel in deinem reinen Leib tragen, indem du ihren Spuren der Demut und besonders der Armut folgst* (3Agn 24–25).
In diesen Worten steckt viel. Am Ende dieser Überlegungen über das lange alltägliche Leben an ein und demselben Ort aber fällt neben aller spirituellen Tiefe das kleine Wörtchen *immerfort* ins Auge. *Immerfort* bedeutet tatsächlich, ein Leben lang, ein langes alltägliches Leben lang. In ihrem Testament um 1252 formuliert Klara denselben Gedanken rückblickend: *Immer und immer wieder haben wir uns freiwillig unsrer heiligsten Herrin Armut verpflichtet* (KlTest 39). Sie weiß, wovon sie redet. Dies *immer und immer wieder* dauerte über vierzig Jahre.

Klara war und ist eine große Meisterin darin, das Alltägliche im Heiligen nicht zu übersehen und das Heilige im Alltäglichen immer wieder neu zu finden.

Alltagsarbeit

VOM KLOSTER-ALLTAG HEUTE

ANCILLA RÖTTGER OSC

Im Alltag der Klarissen scheint sich in den letzten 800 Jahren nicht allzu viel verändert zu haben. Immer noch gibt es die Küchengespräche, geschehen Begegnungen an den Schnittstellen, sind in der Hausarbeit alle Schwestern engagiert, ist es wichtig, dass alle genug zu tun haben, gibt es alltägliche Sorgen. Immer noch finden wir das Heilige – oder besser noch: den Heiligen im Alltag. Doch die Menschen, die diesen Alltag leben, kommen aus unserer Zeit, 800 Jahre nach Klara, Menschen, die gelernt haben, alles zu hinterfragen, geprägt vom Leistungsdenken und vom beständigen Bezug auf das eigene Wohlbefinden, aufgewachsen im selbstverständlichen Gebrauch der modernen Medien und einer vor kurzem noch nicht vorstellbaren Mobilität. Und dennoch:

KÜCHENGESPRÄCHE

Im Heiligsprechungsprozess erzählt Schwester Pacifica, das Leben mit Klara sei voller Wunder gewesen (vgl. ProKl 1,43). Das klingt nach: überraschend, unberechenbar, in jedem Augenblick auf Gottes Geschenke eingestellt – wie heute immer noch. Zwar betteln wir nicht mehr von Tür zu Tür, leben aber immer noch von »Almosen«, von den Gaben, mit denen die Menschen uns unterstützen. Dazu zählen Geldgeschenke, mit denen wir Krankenkassenbeiträge und notwendige Alltagsausgaben (wie Strom, Heizung usw.) bezahlen, ebenso wie Naturalien, Lebensmittel, Haushaltswaren – was auch immer für das alltägliche

Leben notwendig ist. Gelebtes Vertrauen, in dem oft gilt: Was wir brauchen, haben wir; und was wir nicht haben, brauchen wir offensichtlich auch nicht.

Und das, was wir wirklich brauchen, lernen wir oft erst dann kennen, wenn wir es nicht haben.

Vor einigen Jahren lag an jedem Samstagmorgen vor unserer Tür eine kleine Tüte mit Obst, dann etwas Brotbelag oder irgendetwas anderes, und eines Tages sahen wir den Spender: ein kleiner Junge von damals vier Jahren huschte herein, während seine Mutter auf der Straße wartete, und legte seine Tüte schnell vor die Tür. Als die Mutter uns sah, meinte sie lächelnd: »Er möchte es so gern tun!« Inzwischen ist er älter geworden, bringt manchmal seine Freunde mit, die er uns vorstellt, oder seine Schwestern kommen.

Eines Tages gab es zum Frühstück die letzte Scheibe Käse aus dem Vorrat, was uns nicht weiter beunruhigte, denn Käse gehört nicht zum Lebensnotwendigen. Mittags kam mit der Post ein Paket aus dem Allgäu. Die Absenderinnen waren uns bekannt, denn ab und zu schickten sie uns ein Päckchen mit immer gleichem Inhalt. Dieses eine Mal war es aus unerklärlichen Gründen anders: In dem Paket war Käse! Da bleibt nur Dankbarkeit!

Auch Reibeplätzchen sind nicht lebensnotwendig. Doch als uns einmal frische Kartoffeln geschenkt wurden, bekam die ganze Gemeinschaft Lust auf Reibeplätzchen, was einmütig für den folgenden Tag beschlossen wurde. Am nächsten Tag brachte uns allerdings jemand Reste von einer Feier am Vortag, die zuerst gegessen werden mussten. Und während wir noch in der Nähe der Pforte standen, uns über die Gaben freuten, aber dennoch etwas wehmütig die Reibeplätzchen von unserem Plan strichen, schellte jemand an der Pforte. Ein uns unbekannter Mann sagte, dass er nur etwas abgeben wolle. Auf die Frage der Pfortenschwester nach seinem Namen winkte er ab und erklärte: »Es fiel mir gerade ein, als ich über den Markt ging« – und schon war er weg. In der Tüte waren

9 frische Reibeplätzchen – und wir waren zu der Zeit genau 9 Schwestern! Wie aufmerksam!

Was immer uns gebracht wird, teilen wir mit denen, die noch weniger haben. Im Laufe des Tages klopfen viele bei uns an, die sich etwas zu essen holen. Ein französisches Kloster erlebte das Teilen mit anderen so: Ein Fabrikant wollte der Gemeinschaft einen Kühlschrank schenken. Doch da sie schon einen besaßen und keinen zweiten brauchten, baten sie, ihn an eine Familie weitergeben zu dürfen, die ihn dringend brauchte. Das wiederum war nicht im Sinne des Fabrikanten, der betonte, dass er nicht sozial tätig werden, sondern lediglich ihnen, den Schwestern, etwas Gutes tun wollte. Also nahm er den Kühlschrank wieder mit. Nach einer Woche – so erzählen die Schwestern – kam er wieder. Ganz zermürbt von der Woche stellte er ihnen den Kühlschrank dahin und sagte: Macht, was ihr wollt; aber nehmt ihn! Und die Freude der bedürftigen Familie verhalf dem Fabrikanten zum Frieden

Begegnung an der Klosterpforte

und den Schwestern zum Dank. Im Teilen erfahren wir Solidarität mit den Armen.

SCHNITTSTELLEN

Sie sind die Begegnungsmomente zwischen den Schwestern und den Menschen außerhalb des Klosters. Hohe Klausurmauern umgeben oft unsere Klöster, die das kontemplative Leben schützen, aber nicht das Leben außerhalb dieser Mauern ausgrenzen wollen. In dieser Mauer gibt es eine Pforte, unterschiedslos offen für alle, die anklopfen: für die Freunde von der Straße, die sich ein Brot holen; für die Freunde aus der Stadt, die uns ein Brot schenken; für die Suchenden, die um ein Gespräch bitten; für die Einsamen, die ein offenes Ohr und Herz brauchen; für Kranke und von irgendeiner Not Bedrängte, die um Hilfe im Gebet bitten; für Gruppen verschiedensten Alters, die nach dem Zeugnis gelebten Glaubens fragen; für Gäste, die mit uns in der Stille beten möchten; für Kinder und Jugendliche, die einfach nur Kontakt zu uns suchen.

Allerdings sind Mauern kein Hindernis für die modernen Medien! Heute ist es möglich, dass eine Schwester innerhalb der Klostermauern bleibt und diese sichtbare Klausurgrenze nie überschreitet und dennoch die meiste Zeit »draußen« verbringt: durch Radio, Fernsehen, Telefon, Internet … Die heutigen Kommunikationsmedien stellen neu die Frage nach dem Sinn der Klausur, die nur ein Hilfsmittel sein will, um da, wo ich lebe, auch wirklich gegenwärtig zu sein.

Und wer ganz gegenwärtig ist, der ist bei Gott und bei den Menschen.

Dazu gehört auch: die Welt wahrnehmen, wie sie ist – mit all ihren Bedrohungen und Nöten, und sie mit hineinnehmen in unser Beten. Im Nutzen der modernen Medien für die Arbeit braucht es die entschiedene innere Haltung, den Blick – persönlich und gemeinschaftlich – auf Christus zu halten.

HAUSARBEIT

Alle Schwestern sind gleichermaßen eingebunden in die anfallenden Hausarbeiten. Von der Küchenschwester ist Kreativität gefragt, um aus den Gaben der Menschen die Mahlzeiten zuzubereiten. Manche Klöster reinigen und bügeln die Tücher, die bei der Eucharistiefeier benutzt und ihnen von verschiedenen Kirchen der Umgebung gebracht werden, andere stellen Kerzen her und verzieren sie. Einige sticken und nähen liturgische Gewänder, andere übersetzen Bücher, schreiben auf Anfrage Dokumente in Kunstschrift oder verfassen Artikel. Manchmal erfüllen die Schwestern diese Arbeiten gegen ein Entgelt, oft tun sie es im Austausch gegen Naturalien. Das wirtschaftliche Paradox der heiligen Klara gilt noch immer: Wir verschenken unsere Arbeit. Andere schenken uns, was wir zum Leben brauchen.
Zu den Klöstern gehört immer auch ein Garten, der von den Schwestern bearbeitet wird.

ALLTAGSSORGEN

Auch heute gibt es die Sorgen des Alltags. Es sind nicht nur die kleinen alltäglichen Dinge, die geregelt werden müssen und manchmal Unsicherheiten aufwerfen. In der gegenwärtigen Zeit unter völlig veränderten Lebensbedingungen das Charisma unbedingten Vertrauens im Verzicht auf Absicherung zu leben, ergibt sich nicht von selbst. Wie Klara die Sorge um die Bewahrung des Privilegs der Armut zur Gemeinschaftsangelegenheit machte, so auch wir heute unsere Lebensweise in der Welt von heute. Nicht eine allein, sondern die Gemeinschaft

der Armen Schwestern findet immer neu den alten Weg in der gegenwärtigen Spur des Evangeliums.

Der schwesterlichen Gemeinschaft gilt die Aufmerksamkeit Klaras und
gilt unsere Aufmerksamkeit heute. Ältere und jüngere Schwestern bil-
den eine Lebensgemeinschaft, die bis zum Tod währt.

> Die Älteren begleiten die Jüngeren auf deren Lernweg mit
> ihrer Erfahrung, und die Jüngeren helfen den Älteren, wenn
> deren Kräfte nachlassen.

Im Einüben der Kommunikation, im frohen Miteinander wie auch im
gemeinsamen Ringen um gegenseitiges Verstehen, wenn die unterschiedlichen Reifungsprozesse das Miteinander erschweren, im Hören
aufeinander und im Schweigen miteinander münden die Alltagssorgen
in den tragenden Grund der Gemeinschaft: das Evangelium Jesu Christi.

DAS HEILIGE IM ALLTÄGLICHEN

Gerade im Alltäglichen finden wir das Heilige und den Heiligen.
Armut und Kontemplation in schwesterlicher Gemeinschaft
sind die Identitätsmerkmale der Armen Schwestern der heiligen Klara.
Auf dem gelebten Gebet liegt der Schwerpunkt des alltäglichen Lebens.
Dazu gehört die Eucharistiefeier und das Stundengebet wie auch die
Zeiten des gemeinsamen stillen Gebetes. Damit das Schauen auf
Christus und das Leben aus seinem Wort der Lebensatem des Alltags
sein können, braucht es die Stille, die nur in der Stunde gemeinsamer
Erholung aufgehoben ist. Ansonsten gilt die Regelung, die Klara mit
menschlicher Weite in ihrer Lebensform niedergeschrieben hat: *Immer
und überall können sie in Kürze und mit leiser Stimme mitteilen, was
nötig ist* (KlReg 5,4). Nicht verstummen ist verlangt, sondern in allem, was
wir tun, zu horchen auf *das göttliche Flüstern* (LebKl n.19).

Die Klostermauern erwecken manchmal den Eindruck, als würden wir innerhalb dieser Umfriedung abgeschottet ein heiles Leben um seiner selbst willen führen. Es gibt wenig menschliche Not, die nicht von den Menschen zu uns getragen wird, um in aller Ausweglosigkeit und Verzweiflung wenigstens Heimat in einer Gebetsgemeinschaft zu finden und darin Trost zu erfahren. *Es gibt nichts wahrhaft Menschliches, das nicht in ihren Herzen Widerhall fände* (Gaudium et Spes, 1), sagt das II. Vatikanische Konzil.

Die Armut als gelebte Erfahrung unseres alltäglichen Lebens macht uns durchlässig für die Menschen, mit denen wir leben: *Freude und Hoffnung, Trauer und Angst der Menschen von heute, besonders der Armen und Bedrängten aller Art, sind zugleich auch Freude und Hoffnung, Trauer und Angst der Jünger(innen) Christi* (s. o.). Die Kontemplation lenkt all dies Erfahrene zu Christus hin, als Mitte dieser Welt, auch wenn sie selbst es so oft nicht weiß.

Abb. S. 127:
© Sabine Zgraggen, Chur,
www.gedankenfotografie.ch;
Model: Tina van den Bongardt.
Aus dem siebenteiligen
Bilderzyklus Leben und Wirken
der hl. Klara von Assisi,
Graz 2010.

spiegelbild

heute
leer sein
und zugleich sonnenklar
erwartungsvoll hier
mit meinen gedanken
nicht anderswo
geistesgegenwärtig
nicht im gestern
oder schon morgen früh
mein gesicht zeigen

ich habe kein anderes
im spiegel sehen
das gotteswerk

spieglein spieglein
an der wand
ich bin geliebt
von gott
erkannt

MARTINA KREIDLER-KOS

KLARA IM BLICK

Spiegelreflexe und Leuchtsignale

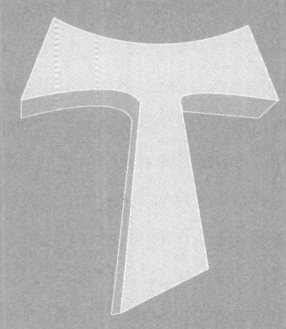

KLARA IM BLICK – SPIEGEL- REFLEXE UND LEUCHTSIGNALE

Klara liebt das Bild des Spiegels. Sie verwendet es oft, um ihrem Glauben eine Sprachgestalt zu geben. Damit ist sie ein Kind ihrer mittelalterlichen Zeit, die diese Metapher häufig einsetzt. Damit ist sie ebenfalls ein Kind ihres adeligen Standes. Damit ist sie aber auch ganz und gar sie selbst. Denn sie führt uns mit diesem Bild – wie es ihre Art ist – auf eine tiefere Spur.

Was macht einen Spiegel aus? Er ist da und meint mich – in diesem Augenblick und an diesem Ort. Im Spiegel geht es immer um den Moment. (Klara ist in der Lage, darin auch eine Geschichte zu finden. Doch davon später.) Was macht einen Spiegel weiterhin aus? Er spiegelt, weil er kein eigenes Bild bewahrt. Er ist eine Metapher der Armut.

Armut ist in der Spur Klaras keine Leistung, die wir erbringen müssen, keine verkrampfte Askese, die staunende, aber nicht nachahmbare Bewunderung weckt. Armut ist kein Weg für ein paar Auserwählte. Armut ist die gegebene Grundmelodie des Menschseins. Sie zu leben meint die schlichte, aber aufrichtige Annahme meines Lebens mit aller Gebrechlichkeit und Armseligkeit, ohne Beschönigung und Verdrängung. Armut heißt, mich anzusehen. Armut ist das Durchkosten meiner Geschöpflichkeit, abhängig von Gott und den Menschen, um in jedem Moment, in jedem Atemzug des Alltags die Liebe Gottes vertrauend in die Welt strömen zu lassen. Liebe ist der Kern, nicht Anstrengung.

Abb. S. 128:
Schwester Mond
Glasfenster von
Sr. Raphaela Bürgi, Mattli

Nichts in unserem Leben ist zu klein, als dass es nicht mit Gott zu tun hätte, lehrt uns Klara Und so ist auch dieses heute so selbstverständliche Alltagsding, der Spiegel, für Klara ein zutiefst geistlicher Gegenstand. Spiegel, das ist in ihrer Lesart nicht nur je nachdem, wer hineinschaut, du oder ich, ihr Spiegel ist Christus selbst. Und dieser hat, weil er Mensch war, eine Geschichte: einen Anfang, eine Mitte, ein Ende (4Agn 19–23). In ihm kann sie sich, wie sie ist – im Moment und mit ihrer Geschichte – annehmen.

Klara fordert ihre Schwestern auf, einander und der Welt Spiegel zu sein. Die Schwestern haben diesen Wunsch tapfer durchgetragen. Und bis heute gilt er. Denn Klara schickt uns ihre Lebensform, ihre Weise, in den Spiegel zu schauen, wie einen Spiegel selbst zu, der kein Bild bewahrt, sondern in dem unser Leben jetzt und hier gefragt ist. Der Blick in diesen Spiegel fordert uns, »ich« zu sagen und Verantwortung für unser Leben zu übernehmen.

Dabei gibt es so viele Spiegelungen, wie Menschen in diesen Spiegel hineinschauen. Die folgenden Beiträge buchstabieren auf je eigenem Hintergund von persönlicher Erfahrung und kultureller Zugehörigkeit ein wichtiges Lebensthema Klaras. Sie geben auf eindrucksvolle Weise vom Reichtum der Spiegelungen heute Zeugnis.

DIE WELT INS GEBET NEHMEN

EDITH VAN DEN GOORBERGH
KLARISSE, MEGEN (NIEDERLANDE)

Kontemplation und Weltgestaltung: Sind diese Worte nicht viel zu groß für Klara von Assisi? Überschätzen wir sie nicht, wenn wir mit unseren heutigen Fragen zu ihr kommen? Sie lebte ja in einer völlig anderen Welt, der zeitliche Abstand und der kulturelle Unterschied zwischen Klara und uns sind groß. Wir können bei ihr kein Programm für Weltgestaltung finden, keine passenden Antworten für unsere Situation. Wir werden nicht aus unserer eigenen Verantwortlichkeit entlassen. Und dennoch, wenn es um unsere tiefsten Lebensfragen geht, die sich über kurz oder lang in jedem Menschenherzen zeigen, sind wir ganz nah bei Klara.
In diesem Beitrag will ich bei der Frage verweilen: Hat Kontemplation Einfluss auf die Weise, wie wir unsere Welt gestalten? Ich nähere mich dem mit folgenden Fragen: Was beinhaltet Kontemplation bei Klara? Was ist die große Not unserer Zeit? Wie zeigt sich Wirkung von Kontemplation im alltäglichen Leben? Und wie können wir Kontemplation teilen?

KONTEMPLATION BEI KLARA

Für diese Frage schaue ich in die Schriften Klaras. Alles bei ihr atmet »Raum«. In ihrer Lebensform schafft sie drei Räume, in denen das tägliche Leben Gestalt bekommt: der Raum der Kirche, des Minderbrüderordens und der Schwesterngemeinschaft. Darin ist das Evangelium

Jesu Christi die tragende Spiritualität. In ihren Briefen an die heilige Agnes von Prag beschreibt sie Kontemplation als Raum, ausgespannt zwischen Herz und Horizont: der Raum von Zeit und Ewigkeit; der Raum Christi (3Agn 1); der Raum des Herzens (3Agn 7): *Stelle dein Denken vor den Spiegel der Ewigkeit, stelle deine Seele in den Glanz der Glorie, stelle dein Herz vor das Bild der göttlichen Wesenheit und forme deine ganze Person durch die Beschauung in das Bild seiner Gottheit um* (3Agn 12–13). Und der intime Raum der Umarmung des Geliebten: *Zieh mich dir nach! Wir wollen dem Duft deiner Salben nacheilen, himmlischer Bräutigam! Ich werde laufen und nicht ermatten, bis du mich in den Weinkeller führst, bis deine Linke unter meinem Haupte ruht und deine Rechte mich glückselig umfängt, bis du mich küssest mit dem seligen Kuss deines Mundes. Wenn dir diese Beschauung geschenkt ist, dann denke auch an deine Mutter in ihrer Armut* (4Agn 30–33). Bei Klara ist Kontemplation ein Raum, der dich umfängt, aber den auch du umfangen darfst (3Agn 21–26). Der dynamische Kern darin ist die Liebe, eine Gabe des Heiligen Geistes.

Wie können wir uns für diese Gabe empfänglich machen? In ihren Briefen zeigt Klara einen Weg zur Kontemplation. Sie beschreibt ihn nicht als das Besteigen einer Leiter oder eines Berges, aber sie lebt mit offenen Augen und einem unbefangenen Blick auf die Alltagswirklichkeit. Dahinter steht die Überzeugung: Christus ist einer von uns geworden. Im Menschlichen und Gebrechlichen möchte Gott wohnen. Der Weg zur Kontemplation beginnt nicht mit Selbstreflexion, sondern mit dem »Schauen« auf den Sohn Gottes, *der für uns Weg geworden ist* (KlTest 5). Er war mit seinem Herzen seinem Vater verbunden und er war arm, niedrig und dienend unter den Menschen da. Für Klara gab es keinen anderen Weg als diesen Weg selbst. Täglich ging sie diesen Weg, zusammen mit ihren Schwestern *in raschem Lauf, mit leichtem Schritt* (2Agn 12).

I ndem man uneigennützig »schaut«, tritt man aus sich selbst heraus, um die/den andere/n zu sehen, wie sie/er wirklich ist. Die/Der andere ist ein Spiegel für dich und du bist deinerseits ein Spiegel für die andere/den anderen. Indem man gut in diesen Spiegel hineinschaut, entdeckt man die Wahrheit über sich selbst und den anderen. Das ist die Wahrheit von Ihm, der gesagt hat: *Ich bin der Weg, die Wahrheit und das Leben* (Joh 14,6). Der Weg zur Kontemplation ist nach Klara einfach, auf Jesus Christus schauen und Ihm folgen, wie Er sich in den Evangelien zu erkennen gibt.

Klara gibt uns eine Anzahl von Übungen, um hineingeführt zu werden in den Raum der Kontemplation. Sie gebraucht Verben! Einsatz und Übung sind also notwendig. Sie spornt uns an, aufmerksam und uneigennützig schauen zu lernen, und das mit zunehmender Intensität: von nüchternem und unterscheidendem Sehen (*videre*), was es gibt, hin zum Erwägen und dankbar Gedenken (*considerare*); vom herzberührten, affektiven Sehen (*intueri*) zum kontemplativen Schauen (*contemplari*): Blick hin (*intuere*), betrachte ihn (*considera*), beschaue ihn (*contemplare*) (2Agn 19–20; 4Agn 19–23). Dieses Schauen und das Geschaute einwirken zu lassen, ist ein Prozess des Spiegelns und Widerspiegelns. Diesen Prozess hat Klara erkannt als ein Wirken des Geistes Christi: *dessen Liebe anzieht* [oder *dessen Zuneigung Zuneigung weckt*] (cuius affectus afficit; 4Agn 11). Die Kraft dieser zuwendenden Zuneigung hat sie wachsen lassen in Aufmerksamkeit für ihre Schwestern und die Menschen, mit denen sie in Kontakt kam.

Dieses Einüben zu einer kontemplativen Lebenshaltung fordert die tägliche Entschiedenheit. Es kann viel Anstrengung kosten, dich aufmerksam dem zuzuwenden, was du täglich zu tun hast. Aber gerade in diesem täglichen Tun, das du treu und mit Hingabe verrichtest, kann es geschehen, dass seine Berührung dich im tiefsten deines Wesens bewegt. Aufmerksam und uneigennützig schauen wird dann eine Bewegung, die aus deinem Herzen heraus, dem Ort, wo die Liebe wohnt, all dein Handeln auf das eine Notwendige richtet: den *Geist des heiligen Gebetes und der Hingabe* (KlReg 7,2). In ihrer Lebensform bezieht Klara *Treue* und den *Geist des heiligen Gebetes* durch die Wiederholung von *Hingabe* aufeinander.

> Hingabe ist die Kraft, die aus der Tiefe in deinem Herzen all deinem Tun und Lassen Richtung gibt, es trägt und nährt und dich hineinführt in den Raum der Kontemplation. Ein Raum, in dem du Ihm, den du grenzenlos liebst, begegnen darfst. In diesem Raum kannst du alle empfangen und alles sehen in Ihm.

DIE GROSSE NOT UNSERER ZEIT

Wir leben in einer Zeit von Krisen, nicht nur einer ökonomischen und ökologischen Krise, sondern vor allem wird der christliche Glaube auf die Probe gestellt durch eine Glaubwürdigkeitskrise. Es tobt ein Sturm durch unsere Kirchengemeinschaft. Die Berichte über Missbrauch von Kindern durch Priester und Ordensleute in jüngster Vergangenheit haben viele Menschen schockiert und ihr Vertrauen erschüttert. Gefühle von Schmerz, Wut, Scham drohen sie zu überrollen. Das verborgene Leiden so vieler Menschen rührt sie tief an. Füg noch die verborgene Not vieler Menschen hinzu, die ihre Verwurzelung in der christlichen Tradition verloren haben und auf der Suche nach neuen Perspektiven sind. Wie kann »der kleine Rest« sich auf den Beinen halten und dabei ansteckend bleiben für Menschen, die eine Antwort auf Lebensfragen suchen wie: Was ist der Sinn meines Lebens, meiner täglichen Plackerei, meiner Treue durch alles hindurch zu dem, was mir lieb ist?

VON »SINN EMPFANGEND« ZU »SINN GEBEND«

Viele Menschen sind aus der Erfahrung von Verlorenheit heraus auf der Suche nach Sinngebung, wollen dies aber gern selbst in der Hand behalten und kontrollieren. Gott gerät dabei nicht in ihren Horizont. Wird dieses Suchen nicht letztlich doch auf eine Enttäuschung hinauslaufen, weil diese bereitwilligen Menschen unvermeidlich gegen die

Grenzen der menschlichen Begrenztheit anlaufen? Sind sie unbewusst doch Gottsuchende? Wenn wir auf Klara und ihre Zeitgenossen hören, zeigt sich, dass Gott nicht aus ihrem Horizont verschwunden war. War es darum für sie leichter, eine Antwort auf ihre Lebensfragen zu bekommen? Ich kann darauf nicht direkt Ja sagen. Doch will ich mit Klara von Anfang an die Perspektive der Wirklichkeit Gottes vor Augen halten und von daher versuchen, die Frage zu beantworten: Wie können wir den Sinn unseres Lebens entdecken?

Diese Frage liegt jedoch noch nah bei der hochgeschätzten Selbstbestimmung des modernen Menschen: bei dem, was wir selbst können. Aber davor liegt eine viel wesentlichere Frage: Sind wir diejenigen, die unbewusst oder bewusst Gott suchen, oder ist es Gott, der uns, trotz unserer Vergessenheit, weiterhin sucht? Augustinus sagt, dass wir aus uns selbst nicht imstande sind, Gott zu suchen, sondern erst, wenn wir von Ihm gesucht und angerührt sind. »Er ist uns innerlicher als unser Innerstes.« Gott klopft in diesem Innersten bei uns an. Das macht uns »unruhig, bis unser Herz Ruhe findet in Gott«. Er kommt unserem verborgenen Verlangen nach Ihm entgegen. Diese göttliche Annäherung weckt in uns jeweils aufs Neue das Verlangen nach Ihm: ein nie endender Prozess von *besitzen und nach Ihm verlangen* (1Agn 16).

Wagen wir es, uns durch Ihn finden zu lassen, um diesen Prozess zu beginnen? Wagen wir es, uns umformen zu lassen zur Empfänglichkeit für Ihn? Das Wagnis eingehen oder nicht, das ist keine fremde Frage, denn unsere tiefste Angst ist die Angst vor Gott, vor dem Schauder erregenden und zugleich faszinierenden Geheimnis (*mysterium tremendum et fascinans*): die Angst vor Gott, der ruft: »Mensch, wo bist du?« Die Angst, abhängig zu sein und unser Leben aus der Hand zu geben. Die Angst vor dem völlig Anderen, der deine angebliche Freiheit zur Diskussion stellt und auch grundlegend einschränkt, um dich zur echten Freiheit umzuwandeln. Wenn die Wirklichkeit Gottes sich zeigt, ist das oft bedrohend und verwirrend. Das haben viele Mystiker erfahren. Es ist ein normaler Reflex unserer Psyche, dass wir davor flüchten. Vielleicht machst du eine derartige Erfahrung, wenn du versuchst, still zu werden.

Was kommt da nicht alles hoch? Manches kann ganz konfrontierend sein. Und dennoch, wenn wir es wagen, uns zu öffnen für das Geheimnis, das in jedem von uns in der Tiefe vorhanden ist, werden wir in einem begnadeten Moment, wie Klara, erfahren dürfen, dass Gott uns als Erster gesucht und angerührt hat: *Nachdem der höchste himmlische Vater sich gewürdigt hatte, mein Herz durch seine Gnade zu erleuchten* (KlReg 6,1).

Klara lebte in dem Bewusstsein, dass sie von Gott gesucht war. Allmählich hat sie die Kunst erlernt, sich in seinen Raum ziehen zu lassen und sein Wirken in ihr zuzulassen.

Sie hat ihr Leben Ihm hingegeben, damit Er es vollende zum Heil vieler. Sie hat die Kunst verstanden, sich von einer »Sinnsuchenden« zur »Sinnempfangenden« und dann zur »Sinngebenden« umformen zu lassen. Diese Kunst war ihr nicht angeboren, sondern sie hat sie ein Leben lang eingeübt. Wie hat sie das getan?

KONTEMPLATION IM ALLTÄGLICHEN LEBEN

Klara hat aus ihrer innerlichen Beseelung heraus ein Leben ohne Besitz gewählt. Wir werden nie etwas begreifen von der Beharrlichkeit, mit der sie das Leben bewahrt hat, wenn wir nicht sehen, dass sowohl die wesenhafte Vergänglichkeit des Menschen wie Gottes Menschenliebe sie bis in ihr tiefstes Wesen angerührt hatte. Sie konnte dies aushalten, weil sie aus ihrem Glauben heraus überzeugt war, dass es Gott selbst gefällt, diese menschliche Verwundbarkeit bis zum Äußersten auf sich zu nehmen. Das hatte Klara täglich im Leben bedacht, das Sterben und die Auferstehung Jesu. Sie verlangte danach, in diesen Spiegel schauend Mensch zu werden: *Schau auf ihn, der auf sich genommen hat, um deinetwillen verachtet zu werden, und folge ihm als eine, die in der Welt verachtet geworden ist um seinetwillen. Deinen Bräutigam, schöner als alle Menschenkinder, der um deines Heiles willen der Geringste der Menschen geworden, ...auf ihn blick hin, betrachte ihn, beschaue ihn, in Sehnsucht, ihm ähnlich zu werden* (2Agn 19–20).

Arm dem armen Christus folgen, war Klaras Wahlspruch. Das beinhaltete viel mehr als materiell dürftig leben. Es bedeutete vor allem: sich selbst nichts anzueignen, auch das eigene Leben nicht, völlig offen sein für das Wirken von Gottes Kraft. Diese scheinbare Passivität war ihr einziger Halt: *Was du hältst, das halte weiter fest, was du tust, das tue weiter, lass nicht ab* (2Agn 11). Sie erlebte dieses Halten, um jedes Mal ihr Leben aus der Hand zu geben, froh und heiter. Ihre Briefe stehen unter der Antriebskraft einer brennenden Liebe und einer unverwüstlichen Freude. In dem Maße, wie sie auf Christus schaute, wurde sie innerlich immer freier, wuchs sie dichter an ihren Wesenskern heran. Sie wurde ihm verbunden und von seiner zärtlichen Anwesenheit erfüllt. Gestärkt durch die heiligende Wirkung des Geistes und durch ihre Hingabe an diese Bewegung, folgte sie dem »armen Christus«. Das war ein Weg in nacktem Glauben, nicht im Sammeln und Auswerten von Wissen. Auch nicht im Selbst-Planen und Alles-unter-Kontrolle-Halten. Aus Erfahrung hat sie gelernt, auf jedes Zugreifen zu verzichten, mit offenen Händen und offenem Herzen zu leben, empfänglich für das überraschende Kommen Gottes.

VERBUNDENHEIT IN DER VERWUNDBARKEIT

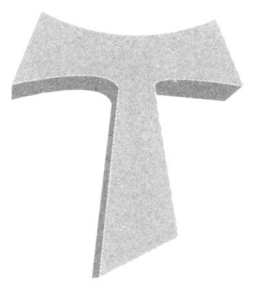

Klara ist ungefähr im Alter von dreißig Jahren chronisch krank geworden. Bedeutete diese Krankheit einen Strich durch ihre Erwartungen? In ihren Schriften ist nichts von einer negativen Erfahrung dieser Konfrontation mit ihrer Vergänglichkeit zu spüren. Wir wissen übrigens nicht, wie sie im Stillen gerungen hat mit rebellischen Gefühlen, mit Enttäuschung und Kummer. Darum sage ich mit der nötigen

Zurückhaltung, dass das Leiden sie zu einer Gabe für andere geformt hat. Sie hat wahrscheinlich im Durchleben ihrer Krankheit erfahren, dass Menschen wegen ihrer Verwundbarkeit etwas miteinander zu tun haben: der eine darf Sorge geben und der andere Sorge empfangen; dass dies eine Öffnung sein kann, um den Segen einer respektvollen Abhängigkeit voneinander zu entdecken. Klara hat erfahren, dass gerade da, wo sie am verletzlichsten war, sie auch am empfindsamsten war für die Einwirkung Gottes. Das können wir dort erahnen, wo Klara sich ihrer Freundin Agnes aus eigener Erfahrung mit Ehrfurcht nähert, wenn sie in Schwierigkeiten ist.

Auch ihre Lebensform zeugt von einem respektvollen Umgang miteinander. In dem Teil, der vom Verzicht auf feste Einkünfte und den Konsequenzen daraus für das tägliche Leben handelt, stellt sie die Aufmerksamkeit für die kranken und schwachen Schwestern in die Mitte (KlReg 8,14–15). Wenn du krank oder schwach bist, bist du abhängig von deinen Schwestern und Brüdern, deinem Partner, deinen Freunden. Die liebevolle Sorge einer Schwester oder eines Bruders ist eine Chance, zu entdecken, dass du sie als ein Geschenk bekommen hast. Wenn es gut ist, ruft *fragilitas* (Zerbrechlichkeit) *fraternitas* (Bruder-/Schwesternschaft) wach. Klara hat diese Chance, die in ihrer Vergänglichkeit verborgen lag, erkannt. Die Qualität einer Gemeinschaft, in der liebevoller und barmherziger Umgang miteinander den dynamischen Kern bildet, charakterisiert Klaras Spiritualität im tiefsten als beziehungsorientiert und auf den Nächsten verweisend.

Die Anerkennung der eigenen Bedürftigkeit und die der anderen öffnet den Raum, in dem echte Empfänglichkeit und Selbsthingabe wachsen können. Diese gegenseitige Offenheit findet ihre Quelle in der Liebe Christi: *Ihr sollt einander aus der Liebe Christi lieben, und die Liebe, die ihr im Innern habt, nach außen im Werk zeigen, damit die Schwestern, durch solches Beispiel aufgerufen, beständig in der Liebe zu Gott und untereinander zunehmen* (KlTest 59–60). Der liebevolle Umgang miteinander spiegelt den einzigartigen Liebesaustausch zwischen Vater, Sohn und Geist im Geheimnis des drei-einen Gottes wider. Die Ausstrahlung dieses Zusammenlebens als Schwestern in der Fußspur des armen Christus trägt zweifellos Frucht in seiner Kirche und in seiner Welt. Unsere Kirche und Gesellschaft haben momentan ein großes Bedürfnis nach kleinen Gruppen und Gemeinschaften, die aus einer christlichen Motivation Menschen unterstützen, die auf der Suche sind nach einem wahrhaftigen Leben nach dem Evangelium. Haben wir mit unserer Individualisierung nicht aufs Neue Bedürfnis nach Gemeinschaften, die einander inspirieren und echtes Leben vermitteln können?

KONTEMPLATION TEILEN

Klara war davon überzeugt, dass sie dieselbe Berufung hatte wie Franziskus. Während des Betens vor dem Kreuz in dem verfallenen Kirchlein San Damiano hatte er gehört: *Geh hin und stell mein Haus wieder her, das, wie du siehst, ganz verfallen ist!* (2C 10,4). »Mein Haus«? Das war die Kirche – der Ort, wo Er unter den Menschen wohnt – die dem Gekreuzigten zu Herzen ging: *Er hat ja für uns alle das Leiden des Kreuzes auf sich genommen* (1Agn 14). Klara war dadurch so sehr angerührt, dass sie sich entschied, »wiederherstellend« zu leben. Mit ihren Schwestern hat sie nach einer neuen, aber ursprünglichen Form von Kirchengemeinschaft gesucht, um *die fallenden Glieder seines unaussprechlichen Leibes wieder* aufzurichten (3Agn 8), nach einer Gemeinschaft, die mitwirkt an der Wiederherstellung dessen, was in der Schöpfung und in der Kirche zerstört ist. So wurden die Schwestern ein Spiegel für diejenigen, die selbst ein Spiegel für andere waren (KlTest 19–20). Durch ununterbrochenes Gebet und Betrachtung war Klaras Herz umgewandelt zu einem Raum, in dem sie die Nöte und Freuden von allen Menschen gastlich aufnahm. Ihr Gebet, als die Stadt Assisi von Verwüstung bedroht war, zeugt davon.

Bis heute leben weltweit Frauen, die sich in ihrem kontemplativen Leben an Klaras Spiritualität orientieren. Wie führen sie Menschen in den Raum der Kontemplation ein? Die ansteckende Wirkung ihrer Lebensweise berührt viele, die mit ihnen in Kontakt kommen. Menschen suchen bei ihnen geistliche Begleitung, bitten um Rat und um Gebet. Häufig bringen diese Begegnungen eine große Lebensveränderung in Gang. Es gibt Klöster, die Gäste empfangen, um mit ihnen die Stille und die Gebetszeiten zu teilen. Die Stille hilft Gästen, ihr Tempo zu mindern und zu sich selbst zu kommen. Indem sie mit der Gemeinschaft beten, entdecken sie wieder den Sinn ihres Lebens, und manchmal werden sie berührt von einer alles umfassenden und alles durchdringenden Wirklichkeit.

Kontemplativ leben braucht Zeiten der Stille und des Gebetes. Für jeden Christen, für jede Christin, der oder die nach einem Klima von Gerechtigkeit, Versöhnung und Frieden in unserer heutigen Welt verlangt, bleibt es eine Aufgabe, in Besinnung miteinander und im Gebet nach einer authentischen Lebensweise nach dem Evangelium zu suchen. In diesem Raum wird das Geheimnis des Gott-mit-uns sich als höchste und tiefste Wirklichkeit im alltäglichen Leben offenbaren.

IN ARMUT REICH WERDEN

MONICA BENEDETTA UMIKER

KLARISSE, PERUGIA (ITALIEN)

Wir verbinden das Leben von Klara von Assisi und ihren Schwestern in San Damiano mit Armut. Doch welche Bedeutung hatte Armut im Leben Klaras? Und was kann uns heute ihr Verständnis und ihre Erfahrung der Armut sagen?

BEDEUTUNG DER ARMUT IN KLARAS SCHRIFTEN

Der Begriff *Armut* (*paupertas*) kommt in Klaras Schriften über vierzig Mal vor. Darüber hinaus benützt sie zwanzig Mal *arm* bzw. der *Arme* (*pauper*), sowohl als Adjektiv wie als Substantiv. Liest man all diese Stellen, so ist auf den ersten Blick ersichtlich, dass die Armut vor allem als *heilig* bzw. *heiligst* bezeichnet wird, selten auch als *selig*. Nur zweimal nennt Klara sie *höchste Armut*. Es handelt sich also in erster Linie um einen *heiligen Ort* (Ex 3,5), der Gott gehört und in dem Gott sich offenbart.

Wenn wir diese Armut näher betrachten, stellen wir fest, dass sich Klara in ihren Schriften mit *Armut* bzw. *arm* zumeist direkt auf den Herrn bezieht. *Leben und Form unserer Armut* stimmen mit der *Armut und Demut*, mit *Leben und Armut unseres Herrn Jesus Christus* überein. *Armut ist die Form* Jesu und *seiner heiligsten Mutter* (KlReg 2,24; 12,13 und KlTest 46). *Heiligste Armut* ist die Armut Christi, ist Jesus selber, *der verachtet,*

bedürftig und arm in der Welt erscheinen wollte, damit die Menschen – die ganz und gar arm und bedürftig waren und überaus großen Mangel an himmlischer Speise litten – in ihm reich würden und die Reiche der Himmel in Besitz nehmen könnten (1Agn 19–20).

BEDEUTUNG DER ARMUT IN KLARAS LEBEN

Als der junge Franziskus mit seinen Ritterträumen nach Apulien aufbrach, fragte ihn eine Stimme im Traum, *wer ihm denn Besseres geben könne: der Knecht oder der Herr? Franziskus antwortete: »Der Herr«, worauf [jene Stimme] erwiderte »Warum suchst du dann den Knecht statt den Herrn?«* (2C 2,6). Franziskus kehrte nach Assisi zurück und suchte den Herrn kennenzulernen, dem er dienen wollte. Im Suchen und Beten wurde er für die Begegnung mit Christus offen, doch dieser offenbarte sich nicht als mächtiger, triumphierender, sondern als für uns arm gewordener und gekreuzigter Christus. Dieser arme Christus offenbart uns Gott als Vater, den auch wir in Ihm *Vater* nennen dürfen. Durch Franziskus begegnet Klara diesem Gott, der sich unsere Armut zu eigen gemacht hat, indem er das *wirkliche Fleisch unserer Menschlichkeit und Gebrechlichkeit angenommen hat* (2Gl 4). Durch ihn erkannte auch sie den Ruf, dem Leben und der Armut unseres Herrn Jesus Christus zu folgen.

Dieser Weg der evangelischen Armut ist als ein Prozess zu verstehen. Der erste Schritt auf dem Weg der Christusgleichförmigkeit besteht für Klara im Verkauf ihres Erbes und der Flucht von zu Hause. Sie lässt jede Sicherheit los und lernt, Tag um Tag ohne Absicherung zu leben. Ihr Vertrauen gründet nicht mehr auf dem, was sie hat, sondern in dem, den sie als liebenden Vater, Schöpfer und Herrn erkannt hat. Klara umschreibt diese Armut mit *Mühsal, Bedrängnis, Niedrigkeit und Verachtung der Welt* (KlReg 6,2 und KlTest 27) in der Nachfolge Christi, dem Bräutigam, *schöner als alle Menschenkinder* (Ps 45,3), der um unseres *Heiles willen der Ge-*

ringste der Menschen geworden ist, *verachtet, zerschlagen, am ganzen Körper von der Vielzahl der Geißelschläge wund, in Todesnot am Kreuz verscheidend* (2Agn 20).

EINE BOTSCHAFT FÜR UNS

Es liegt in unserem Menschsein, dass wir Sicherheit brauchen und suchen. Doch wir betrügen uns und suchen Sicherheit meist in vergänglichen Dingen. Wenn Klara unser Menschsein als *ganz und gar arm und bedürftig* beschreibt, meint sie wohl auch diesen Trug. Die einzig bleibende Sicherheit – das Evangelium legt es uns immer wieder nahe –, der Fels, auf dem wir unser Leben bauen können, ist nicht materieller Besitz, sondern die Beziehung mit Gott. Mit dem Blick auf Jesus, der *Gott gleich, nicht daran festhielt, wie Gott zu sein, sondern sich entäußerte und erniedrigte* (Phil 2,5–11), können auch wir einen Weg der Entäußerung gehen und mit Jesu Hilfe auf unsere falschen Sicherheiten verzichten. Denn *das Himmelreich ist einzig und allein den Armen versprochen und geschenkt* (1Agn 25).
Eine Botschaft voller Hoffnung kommt uns durch Klaras Armutsverständnis zu: In der Gemeinschaft mit Gott ist jede Armut, die wir erfahren – und zu jedem Leben gehören manchmal *Mühsal, Bedrängnis, Niedrigkeit und Verachtung der Welt* (KlReg 6,2 und KlTest 27) – »heiliger Ort«, an dem Er sich uns offenbart und wir ihm begegnen können. Keiner Armut müssen wir uns schämen, denn sie kann zur Möglichkeit werden, den *verborgenen Schatz* zu umfassen, den für uns arm gewordenen Christus (3Agn 7 und 2Agn 18). Er hat sie auf sich genommen, um uns mit sich selbst reich zu machen.

In diesem Sinn ist Armut – persönliche wie gemeinschaftliche – eine »göttliche« Erfahrung, ein ununterbrochenes In-Empfang-Nehmen und Sich-Weiterschenken im Vertrauen auf Ihn, *den Vater, der weiß, was wir brauchen* (Lk 12,30).

FREIWILLIG GEHORSAM VERSPRECHEN

LEONHARD LEHMANN
KAPUZINER (DEUTSCHLAND/ITALIEN)

Wenn ich das Testament der heiligen Klara lese, überrascht mich, wie oft sie die Freiwilligkeit betont. Darin klingt sie geradezu modern; denn heute wollen wir selbständig sein, selbst entscheiden, die Initiative ergreifen, keinem hörig und von niemandem abhängig sein. Wie geht das bei ihr zusammen: Gehorsam und Freiwilligkeit?

GELEBTER GEHORSAM DAMALS

Klara spricht davon, wie Franziskus' Bekehrung ihr den Anstoß gab, dem adeligen Leben den Rücken zu kehren und ein Leben in Armut und Buße zu führen. Im Testament schreibt sie: *Bald nach seiner Bekehrung habe ich ihm freiwillig zusammen mit einigen Schwestern, die mir der Herr bald nach meiner eigenen Bekehrung gegeben hatte, Gehorsam versprochen* (KlTest 25). Diese persönliche Rede nach Art eines Bekenntnisses behält sie auch in ihrer Regel bei (KlReg 6,1). Der Gehorsam Franziskus gegenüber bezieht sich bei Klara vor allem auf die Armut, worin sie ihre *höchste Berufung und das Gebot eines so großen Vaters* (KlTest 37) sieht. Darum sagt sie von sich und ihren Schwestern: *Wir haben uns immer und immer wieder freiwillig unserer heiligsten Herrin Armut verpflichtet* (KlTest 39).

In der Tat hat Klara wiederholt um das Privileg der Armut gekämpft, um das Privileg, ohne Besitz leben zu dürfen und von niemandem gezwungen werden zu können, Grundbesitz anzunehmen. Darin unterscheidet sich San Damiano von zeitgenössischen Klöstern. Es ist diese Ungesichertheit, welche viele nicht verstehen konnten. Auch der Papst meinte, väterlich für die Schwestern sorgen und ihnen Grundbesitz aufdrängen zu müssen. Doch Klara widerstand. Sie setzte ihr Vertrauen ganz auf den Herrn, der auch die Spatzen ernährt und die Lilien kleidet. Wenn schon Franziskus und seine Brüder wie Pilger und Fremde durch die Lande zogen, weder Haus noch Hof hatten und von der Gastfreundschaft der Leute abhängig waren, dann wollte auch sie sich ganz auf die Vorsehung Gottes verlassen, der durch die Güte der Menschen für sie sorgen würde. Ihr Vertrauen wurde nicht enttäuscht: die Stadt Assisi nährte die Schwestern und diese beteten für sie; sichtbar geworden 1241 in der Rettung der Stadt. So unterschiedlich beide Lebensprogramme aussehen, so ähneln sie sich im Grunde doch: Franziskus und Klara haben sich der Herrin Armut verpflichtet, sich ihr freudig anvertraut. Klara hat ihr die Treue gehalten, wie sie es Franziskus versprochen hatte, aber diese Treue erforderte eigenen Entscheidungen, eigene Wege.

Warum betont Klara immer wieder, dass sie *freiwillig* Gehorsam versprochen hat? Ein Grund könnte sein, dass sie sich vom damaligen Brauch absetzt, wonach häufig bereits Kinder einem Kloster übergeben wurden. Sie wurden dort erzogen und oft als Mönch oder Nonne später übernommen. Sie legten die Gelübde ab, doch an der Freiwilligkeit darf gezweifelt werden. Klara hingegen musste gegen ihren Clan kämpfen, brach aus dem Elternhaus aus und überstand eine ganze Odyssee, bis sie sich mit ihrer Schwester Agnes und Freundinnen in San Damiano niederlassen konnte. Ihr Wille war herausgefordert.

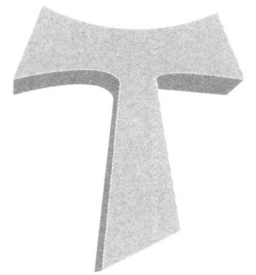

Bis zu ihrem Sterben bewies sie immer wieder, dass der Gehorsam gegenüber Franziskus keine Schablone war, keine Formsache, die sie damals in der Portiunkula-Kapelle erledigt hatte. Nein, der Gehorsam forderte sie heraus, Verstand und

Willen jeweils neu anzustrengen, um der Herrin Armut treu zu bleiben. Der entschieden und freiwillig geleistete Gehorsam gab ihr dazu in kritischen Situationen immer wieder ungeahnte Kraft.

GELEBTER GEHORSAM HEUTE

Bei Gründerinnen und Gründern von Orden ist oft ein heftiger Bruch zwischen einem Leben zuvor und einem Leben danach festzustellen, eben eine echte Bekehrung. Bei denen, die ihnen folgen, verläuft der Weg meist geradliniger. Sie treten in die Fußstapfen ihrer mutigen Vorgänger. Das erleichtert den Weg, nimmt aber nicht die eigene Verantwortung.

Schaue ich auf mein eigenes Ordensleben zurück, so kann ich sagen, dass der Eintritt bei den Kapuzinern nach dem Abitur einen Einschnitt darstellte; der Abschied kostete meine Mutter Tränen, der Vater begleitete mich mutig ins Noviziat. Der Alltag dort war ganz anders als zuvor, aber ein radikaler Bruch war es nicht.

Das Neue, was zu lernen war – der Umgang mit dem Brevier, die Einfügung in die Gemeinschaft und seltsame Bräuche wie das Wecken mit Brett und Hammer –, gehörte einfach dazu und machte sogar Spaß. Über was hätten wir uns sonst in der knapp bemessenen Freizeit unterhalten sollen, wenn nicht über das Missgeschick, dass der eine verkehrt geläutet, der andere das Holzbrett entzweigeschlagen und der dritte die falsche Antiphon angestimmt hatte. Wir waren eben fünf Lehrlinge und hatten so einiges einzuüben. Der Gehorsam wurde zuweilen auf eine Weise geprüft, über die wir uns heute amüsieren: Im Sommer durften wir manchmal, wenn für die Allgemeinheit geschlossen war, ins Schwimmbad. War es besonders heiß und wir fragten den Novizenmeister – Gott hab ihn selig –, so sagte er meist nein; regnete es aber, so durften wir gehen. Besuche von daheim durften wir selten empfangen, heimgehen war untersagt. So konnte ich an der Hochzeit einer meiner

Brüder nicht teilnehmen, ich schrieb einen Brief. Der Gehorsam war manchmal ein Opfer, aber erträglich.

GEMEINSAME ZEITEN, EIGENE ZEITEN

In dem sehr geregelten Tagesablauf konnte man doch auch eigene Initiativen entwickeln. So erlernte einer das Gitarrenspiel, ein anderer Klavier; zwei Hobbys, die für die Zukunft sicher nützlicher waren als meines: Ich übersetzte Hymnen und Psalmen aus dem Lateinischen, weil ich verstehen wollte, was ich da jeden Tag betete. Ein Jahr später kam die Studienausgabe des deutschen Breviers ... Am besten gefallen hat mir der Kontakt zur Bevölkerung: Wir durften beim Heuen helfen, Kartoffeln und Obst ernten, im Wald Holz holen. Machten wir – im Gehorsam – am Mittwoch- und Sonntagnachmittag einen Spaziergang, zog ich die anderen – ohne Erlaubnis – manchmal in ein Bauernhaus, wo wir vesperten oder uns einfach unterhielten. Die Mitnovizen sagten zu mir: »Du wirst einmal ein Feld-, Wald- und Wiesenpater!« Es kam ganz anders.

Während des Studiums war es auch nicht schwer, den Gehorsam zu halten, also Studienpläne und Ferien in Abstimmung mit dem Magister zu gestalten. Er verlangte Praktika und Einsätze in Klöstern – Aushilfe an der Pforte oder im Garten –, was viel Zeit in Anspruch nahm, aber mit Blick auf die Integration in die Provinz gut war. Neben diesen Pflichten blieb Raum für eigene Initiativen. Ich belegte einen Kurs für Französisch und bekam die Erlaubnis, zwei Monate in Paris die Sprachkenntnisse zu vervollständigen; dasselbe geschah ein Jahr darauf mit Englisch samt einem Aufenthalt in Oxford, wiederum ein Jahr später lernte ich Spanisch und durfte nach Salamanca gehen. Dass es in der Grundausbildung neben dem Studium, dem regelmäßigen Beten und Arbeiten in der Gemeinschaft auch Zeit für Hobbys und private Initiativen gab, erkenne ich heute dankbar an. Man musste sie nur nutzen.

So habe ich bei der Profess und dann nochmals bei der Priesterweihe gern freiwillig Gehorsam versprochen: Hören auf den Anspruch Gottes, der durch die Kapuzinergemeinschaft an mich ergeht, stehen zu dieser Gemeinschaft, ob sie mir nun gefällt oder nicht und ihr treu bleiben, so dass sie mit mir rechnen kann. Das ist im Grunde das Programm, auf das man sich verpflichtet, das einem aber auch Halt und Richtung gibt.

HÖHEN UND TIEFEN

Leicht auf die Probe gestellt wurde der Gehorsam, als ich nach der Priesterweihe als Kaplan in ein Kloster versetzt wurde, das ich noch nicht kannte, noch dazu im Ruhrgebiet, von dem ich nur gehört hatte, dass es grau und duster sei. Ich war getröstet, als ich bei der Ankunft auf einer Wiese vor dem Kloster eine Kuh weiden sah: »Wenn die hier leben kann, ohne vor Ruß und Kohlestaub zu ersticken, dann werde ich es auch aushalten.« Mitten im weiten Ruhrgebiet, wo ich mich oft verfahren habe, fand ich in unserer Pfarrei bald eine neue Heimat und gute Freunde. Über den Schul- und Kommunionunterricht hatte ich schnell Kontakt mit Eltern, gründete einen Kinder-Liturgie-Kreis und Glaubensgespräche für Erwachsene. Unvergesslich der Abschiedsgottesdienst nach drei Jahren! Der kam so schnell, weil ich Gehorsam leistete. Ich erinnere mich noch gut: Der Provinzial kam, setzte sich auf mein Bett und fragte: »Bist du bereit nach Rom zu gehen? Wir brauchen einen, der Spiritualität studiert.« Nachdem er die Gründe genannt und erklärt hatte, wie der Wechsel vonstatten gehen sollte, sagte ich ja. So studierte ich von Herbst 1978 bis zur Promotion im Juni 1982 in Rom. Italienisch hatte ich noch nicht gelernt und holte es jetzt schnellstens nach. Der Traum, Feld-, Wald- und Wiesenpater zu sein, ist in weite Ferne gerückt und erfüllt sich vielleicht nach der Pension an der Päpstlichen Universität »Antonianum«, wo ich heute versuche, franziskanische Spiritualität zu lehren, »ohne den Geist des Gebetes und der Hingabe auszulöschen«, wie es Franziskus dem heiligen Antonius, dem ersten Lehrer im Orden, empfohlen hat. Auch hier kann ich im Gehorsam gegenüber dem Amt und Auftrag so manches tun, was meiner eigenen Initiative entspringt und auch das Gefallen der Oberen findet.

Der Gehorsam hat mich auf andere Wege geführt, als ich je dachte. Er ersparte es mir, krampfhaft danach zu suchen, mich selbst zu verwirklichen. Ja, er gab mir manchmal ungeahnte Kraft, etwas Begonnenes auch durchzuhalten. Freiwillig gehorchen prägt das Leben, gibt ihm Form und Halt.

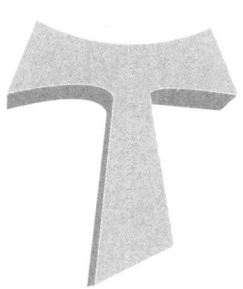

IN DER LIEBE BLEIBEN

RUTH DITÉ UND MARIA NADINE MAUSER
SCHWESTERN DER HL. KLARA, ISNY (DEUTSCHLAND)

Als Schwestern der Hl. Klara werden wir von Besuchern, Gästen oder Mitlebenden mitunter gefragt, worin für uns persönlich die besondere Anziehung der Person der heiligen Klara bestehe. Unsere Antworten auf diese Frage fallen natürlich unterschiedlich aus, aber im Kern sprechen sie meistens von der Liebe, wie Klara sie gelebt und bezeugt hat. Diese Fragen führen uns hinein in den spirituellen Reichtum Klaras. All jene Werte, die für ihr Leben von zentraler Bedeutung sind, sind eng verbunden und verwoben mit dem Thema »Liebe« und nur von dieser Quelle her zu verstehen. Und dabei ist es wohl wie bei einem Tischtuch: Egal, wo wir zu ziehen beginnen, das ganze Tuch kommt in Bewegung!

Klara war erfüllt von einer großen Liebe zu Jesus Christus. Die Lebendigkeit und Unmittelbarkeit dieser Beziehung kommt uns vor allem in den Briefen entgegen, welche sie an ihre Freundin Agnes von Prag geschrieben hat. In kunstvoller Textkomposition bringt Klara hier das zum Ausdruck, was ihr Leben von innen her reich macht. An vielen Stellen kann man nahezu »sehen«, wie sie übersprudelt vor innerer Freude: *Ja, wahrhaft glücklich, wem es gegeben wird … mit allen Fasern des Herzens dem anzuhangen, dessen Schönheit alle seligen Scharen des Himmels ohne Unterlass bewundern* (4Agn 9–12).

Wenn wir auf Klaras Leben schauen, wird deutlich, dass Liebe für sie eine innere Kraft ist, die alle Lebensbereiche durchdringt. Ihre Gottesliebe ist »geerdet« und wird sichtbar in ihrer Liebe zu den Menschen. Das Gemeinschaftsleben in San Damiano lag Klara besonders am Herzen, hier konnten die Schwestern ihrer Liebe zu Gott und den Menschen einen konkreten Ausdruck geben. In ihrem Testament schreibt Klara: *Ihr sollt einander aus der Liebe Christi lieben und die Liebe, die ihr im Inneren habt, nach außen im Werke zeigen* (KlTest 59).

LIEBEN LERNEN

Sowohl in unseren menschlichen Beziehungen als auch in unserem Leben mit Gott machen wir die Erfahrung, dass die konkret gelebte Liebe nicht statisch ist, sondern verschiedene Phasen und Entwicklungsstufen durchläuft. Liebe will wachsen und immer neu müssen wir in den verschiedenen Herausforderungen des Lebens lieben lernen. Wir können die Liebe nicht immer gleich stark wahrnehmen und manchmal scheint uns der innere Zugang zu ihr ganz genommen zu sein. Wer sich Gott nähert, kommt in Berührung mit seinem Geheimnis, das alle menschlichen Formen des Erkennens und Fühlens übersteigt. Klara spricht solche Erfahrungen nicht direkt an, aber sie klingen in ihren Briefen an manchen Stellen durch, etwa wenn sie Agnes ermutigt: *Nicht Bitterkeit und Nebel sollen dich bedecken, in Christus geliebte Herrin!* (3Agn 11).

In den Schriften Klaras finden wir viele Worte, mit denen sie Agnes und ihre Schwestern stärkt und ermutigt, ihren Weg in unbeirrbarer Treue weiterzugehen, gerade auch in schweren Zeiten. In allem und durch alles sollen sie an Christus und seiner Liebe festhalten und sich immer neu auf ihn hin ausrichten: *Sei eingedenk deines Vorsatzes und blicke ... stets auf deinen Anfang. Was du hältst, das halte weiter fest, was du tust, das tue weiter, lass nicht ab!* (2Agn11). Klara hat in ihrem Leben selbst immer wieder gezeigt, wie wichtig es ist, den freudigen Anfang des Weges niemals aus dem Auge zu verlieren und trotz aller Schwierigkeiten mit großer Entschiedenheit mutig weiterzugehen (KlTest 27). Dabei meint Klara keine harte oder verbissene Entschiedenheit. Stets klingt bei ihr der Aspekt der Freude mit, Liebe und Leichtigkeit sind für Klara eng miteinander verbunden. So ermuntert sie Agnes, am Armutsgelübde festzuhalten (2Agn11) und ihren Weg *in raschem Lauf, mit leichtem Schritt ... sicher, freudig und behänd und zugleich achtsam* (2Agn11+13) zu gehen.

LIEBEN IM HIER UND HEUTE

Wenn wir nun den Bogen über achthundert Jahre spannen von Klara zu uns, dann sehen wir dankbar, dass Klara uns Menschen der modernen Zeit zum Thema Liebe wesentliche Impulse geben kann. Die großen Veränderungen in der Lebensweise und im Selbstverständnis der Menschen trennen uns auf der tieferen Ebene der Liebe nicht vom zeitlos gültigen Lebenszeugnis Klaras. Für uns Schwestern der hl. Klara ist der Alltag in den kleinen Gemeinschaften der Ort, an dem wir gerufen sind, unsere Liebe zu Gott und zu den Menschen zu leben. Das Wort der heiligen Klara: *Immer sollt ihr in der Liebe zu Gott, zu eurer eigenen Seele und zur Seele eurer Schwestern stehen* (KlSeg 14), ist uns dabei Auftrag und Anspruch.

Die kontemplative Lebensform ist für uns verbunden mit dem Wunsch, sowohl im Gebet als auch im Gemeinschaftsleben für die Menschen offen zu sein. Wir sind da für alle, die in den verschiedensten Anliegen den Kontakt zu uns suchen, für ein kurzes Gespräch oder für seelsorgliche Begleitung. Einzelne Menschen, die nach Vertiefung in ihrem Glaubensleben suchen oder in einer Umbruchsituation nach Orientierung und Klärung fragen, können auf begrenzte Zeit mit uns leben. Gerne lassen wir sie teilnehmen an unserm Leben, das reich wird durch unsere Beziehung zu Gott, der ein bedingungslos liebender und menschenfreundlicher Gott ist, der uns Leben in Fülle schenkt.

Als geistliche Gemeinschaft wollen wir uns einüben in eine gelebte Schwesterlichkeit. Liebe heißt im Alltag Achtsamkeit füreinander, gegenseitige Wertschätzung und Transparenz. In unserer Gemeinschaft soll sich jede Schwester angenommen wissen und ihrer Sehnsucht nach Gott Raum geben können. Hier kann die Liebe wachsen, hier können wir lieben lernen. Dabei erfahren wir sowohl in der Beziehung zu Gott als auch in unseren Beziehungen zueinander unsere eigene innere Armut und unser Unvermögen. Doch Gott begegnet uns nicht erst dort, wo wir ein hohes Ideal der Liebe verwirklichen können, sondern eben in unserer Wirklichkeit, so wie sie ist. Oft trägt gerade das Schwere und Ungelöste in unserem Leben, das, was wir nur ungern annehmen, die Möglichkeit in sich, uns offener, menschlicher und gottfähiger zu machen.

Auf unserem Weg des Hineinwachsens in eine je größere Liebe und Wahrhaftigkeit dürfen wir darauf vertrauen, dass Gottes Sehnsucht nach uns noch viel größer ist als unsere Sehnsucht nach ihm. Seine bedingungslose Liebe steht am Anfang, sie ermöglicht es uns erst, ihm zu antworten. Klara benennt den Kern ihrer – und damit auch unserer – Lebensweise in ihrem dritten Brief an Agnes mit den kurzen Worten: *Liebe jenen mit ganzer Hingabe, der sich um deiner Liebe willen ganz hingeschenkt hat* (3Agn 15).

So sehen wir als Schwestern der Hl. Klara sowohl als Gemeinschaft als auch als Einzelne unsere Berufung innerhalb der Kirche darin, mit unserem ganzen Leben ein Zeichen zu sein für die erbarmende Liebe Gottes und für die Gegenwart Christi in der Welt.

VOR FREUDE TANZEN

ANNUNCIATA B. KAGABA
KLARISSE, MBARARA (UGANDA)

Vor fast 40 Jahren wurde unser Kloster der Armen Klarissen in Uganda verlegt, nicht weit von meinem Zuhause und am Weg zu meiner Pfarrei. Die bunte Hecke war noch nicht sehr hoch gewachsen und bot einige Lücken für neugierige Passanten. Man konnte den vertrauten Klang von Arbeit hören und einen flüchtigen Blick auf die Schwestern erhaschen – Missionarinnen und ein paar Afrikanerinnen, die sich ihnen angeschlossen hatten –, wenn sie zusammen im Garten arbeiteten. Die Leute sagten von ihnen: »Diese Nonnen beten viele Stunden am Tag, arbeiten mit ihren Händen, gehen nie nach Hause – und trotzdem sind sie fröhlich.«

FROHE EINFACHHEIT

Mein Eindruck von froher Einfachheit, die wenige Worte benötigt, wurde in meinem ersten Gespräch mit der Gemeinschaft bestätigt. Gott in seiner Gnade führte mich schließlich dahin, an die Klausurtür zu klopfen und um Aufnahme zu diesem Leben zu bitten. Ich wurde in Freude und mit Freude empfangen. Der Weg, Ursache und Quelle dieser Freude zu entdecken, begann. Immer noch bin ich auf dieser »Entdeckungsreise« und werde es sein, bis sich alles vollkommen offenbart beim ewigen Gastmahl. *Ja, wahrhaft glücklich, wem es gegeben wird, an diesem heiligen Gastmahl teilzunehmen, um mit allen Fasern des Herzens Ihm anzuhangen* (4Agn 9), Jesus anzuhangen, dem eingeborenen

Sohn des Vaters. Kann ich jemals Gott genug danken für das Geschenk des Lebens und meiner Berufung, die darin besteht, am ewigen Gastmahl teilzuhaben, der Quelle der Freude? Ich bin Ihm ewig dankbar, dass Er mir den hl. Franziskus und die hl. Klara als Lehrer gab und mich auf meinem eigenen Weg führt, Ihn zu entdecken. *Es ist ein großer und lobenswerter Tausch, Himmlisches für Irdisches zu gewinnen* (1Agn 30). Wie alle heiligen Männer und Frauen aller Zeiten, die dieses Geheimnis entdeckten, waren unsere Gründer gerade in die Quelle des Lebens und der Liebe, in Gott selbst eingetaucht. Es ist ein großes Geschenk, erkennen zu dürfen, dass Leben auf der Erde, obwohl es nur einen kurzen Augenblick dauert, Teil »des wirklichen Lebens« ist, das ewig währt, denn es war vor und wird nach unserer kurzen irdischen Pilgerschaft sein und es hat seine Erfüllung in Jesus, dem Weg, der Wahrheit und dem Leben. Ist dies nicht die Fülle der Freude schon jetzt hier auf Erden?

LOBPREIS DES LEBENS

Im alltäglichen Leben, mit Hilfe der Weisung und Beispiele von Franziskus und Klara, die erklärten, dass unsere *Lebensweise darin besteht, unseres Herrn Jesu Christi heiliges Evangelium zu beobachten* (KlReg 1,2), lernte ich Gott als Schöpfer und Erlöser kennen und habe entdeckt, dass alles Freude ist. Leben ist ein Geschenk, das ich würdigen sollte in mir selbst, in anderen, in der Natur. Warum sollte es nicht so sein? Gerade das Leben, das mich täglich zur Antwort ruft, ist eine Einladung zur Freude: »Du allein bist Gott und wunderbar sind deine Taten!« und *Du, Herr, sei gepriesen, der du mich erschaffen hast* (ProsL 3,74).

DIE GRÖSSE DES HERRN

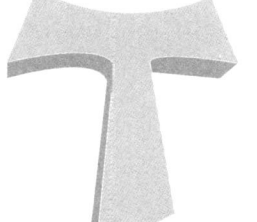

Wir leben dies in unserem persönlichen Gebet, aber besonders intensiv in unserem liturgischen Leben. »Siebenmal am Tag«

sind wir gerufen, im Namen der Kirche zu beten und zu singen. Die ganze Welt ist für mich ein Aufruf, meine ganze Aufmerksamkeit auf »das eine Notwendige« zu fokussieren, die Einladung des Psalmisten gilt: »Komm, laut erschalle unsere Freude vor dem Herrn, jubelt dem Herrn zu, der uns erlöst« oder »Schrei zu Gott vor Freude und diene dem Herrn mit Fröhlichkeit«, brich das Schweigen der Nacht, um den neuen Tag zu beginnen. Und dies Augenblick für Augenblick entfaltet in einer Atmosphäre der Kontemplation, wie wir Ihn anschauen, der gekommen ist, dass wir *das Leben haben und es in Fülle haben* (Joh 10,10).

In Afrika sind wir dafür bekannt, besonders empfänglich zu sein für Rhythmen, aber ebenso für die Freuden des Zusammenseins, wenn wir Leben feiern. Das ist unser klösterliches Privileg, wenn wir so oft gerufen sind, an der Messe und dem Göttlichen Offizium teilzunehmen. Da ist bei jeder Feier Freude, bei jedem »Ehre sei Gott in der Höhe«, bei jedem Halleluja. In unseren afrikanischen Klöstern sind die biblischen Gesänge, Psalmen und besonders Marias Magnifikat komponiert in der örtlichen oder nationalen Sprache und meist im Tanz ausgedrückt. Ich bin sicher, dass Maria auch getanzt hat. Mit *leichtem Schritt* und dem Klang von Trommeln und Adungus (afrikanischen Harfen) oder Khoras und Xylophons... Unsere Freude pulsiert in Bewegung und Harmonie, um dazu beizutragen, dass *unsere Seele die Größe des Herrn* lobpreist.

QUELLE DER FREUDE

Auch unsere Beziehungen möchten wir von Harmonie durchdringen lassen. Als Töchter Klaras sind wir nicht nur zum Beten gerufen, sondern Leben miteinander zu teilen in einem familiären Rahmen, wo die Einzelne geliebt ist und ihr unzählige Gelegenheiten geboten werden zu lieben. Gerade das Leben Gottes zu leben und zu teilen, das mich durch Mitglieder meiner Gemeinschaft berührt, ein Band schafft zwischen meinen Schwestern und mir, durch das Er Sich selbst uns offenbart als Fleischgewordenes Wort, das ist eine Quelle großer Freude.

In diesem Geist ist sogar der demütigste Dienst ein Geschenk der Liebe, und so ist es jede Arbeit ob Gartenarbeit, Kochen oder Anstreichen, die Kirche putzen oder Wäsche waschen. Durch *die Gnade zu arbeiten* (KlReg 7,1), wie unsere heilige Mutter Klara es nennt, haben wir teil am Leben des Sohnes Gottes, der sich von menschlichem Tun nicht fernhielt, sondern uns zeigte, wie wir darin auf die Liebe des Vaters antworten können.

Wir singen den Sonnengesang in Bewunderung für die überschäumende Fülle und Schönheit aller Arten von Leben in Pflanzen, Insekten und Tieren und sogar in Felsen und Erde, die da sind, dass Gottes Wille sich in ihnen erfüllen kann; jedes hat etwas über den Schöpfer zu offenbaren und wird so ein Teil unserer Freude, in Gemeinschaft mit der ganzen Schöpfung zu sein und zu leben.

Das bedeutet nicht, dass es keine Stürme in unserer Welt gibt, keine Anstrengung oder Leiden. Wir alle wissen, was Franziskus *vollkommene Freude* nannte. Die Neuigkeiten, sowohl von weltweiten Ereignissen wie auch von unseren Verwandten und Freunden, im Blick auf die Armut oder das Leid unserer verwundeten Kirche im eigenen Land oder der Welt berühren uns tief! Wir erfahren Krankheit und Scheitern, mühsame Anstrengung oder passives Leiden der Läuterung, Spannungen und Enttäuschungen im Gemeinschaftsleben. Herausforderungen sind notwendig, um auf dem Weg der Nachfolge Christi weiterzugehen, aber es ist nicht meine Aufgabe, das hier zu untersuchen. Ich weiß dass ich mehr denn je dem treu sein soll, was unsere heilige Mutter Klara uns über unsere Beziehung zu Jesus sagt: *Auf ihn blick hin, betrachte ihn, beschaue ihn, in Sehnsucht, ihm ähnlich zu werden* (2Agn 20). Von morgens bis abends wenden sich die Blumen zur Sonne. Möge auch unser Leben immer dem Sohn Gottes zugewandt sein in Freude und Liebe!
Amen.

EINANDER GESCHWISTER SEIN

FRANCES TERESA DOWNING
KLARISSE, HOLLINGTON (GROSSBRITANNIEN)

Eine *Kommune*, die städtische Gemeinschaft, wie sie zu Klaras Zeit die Gesellschaft bestimmte, entstand nicht aus irgendeiner Vision von Menschenrechten, Freiheit, Gleichheit, Liebe zu den Kleinen und Unterdrückten. Eher entstand sie aus einem Verlangen der Kaufleute nach wirtschaftlicher Expansion und wachsendem Wohlstand. Wenn eine *Kommune* in den Krieg zog, wurde dem Zug der Krieger (gewöhnlich) das Kreuz, Reliquien der örtlichen Heiligen und die Banner der Stadt vorangetragen, aber darüber hinaus trugen sie auch wie Hausgötter die Bücher der *Kommune*. Das waren die Register, Listen der Kaufleute, die neben den *Maiores* und ihren Rittern marschierten, die Loyalität zur Stadt geschworen hatten, sie alle erpicht auf Selbstverherrlichung, freie Kommunikation, kommerzielle Absatzmöglichkeiten, im ständig gegenwärtigen Kampf um Raum in einem überbevölkerten Land. Der Krieg mit Perugia wurde von den Handels- und Handwerkerklassen Assisis ausschließlich für ihren Profit geführt. Es gab auch einige Adlige, die mit ihnen kämpften, und zwar aus denselben Gründen. Am 28. Februar 1210 wurde ein neuer Vertrag zwischen Perugia und Assisi ausgehandelt, was sich allerdings bis November hinzog. Im August desselben Jahres hatte Kaiser Friedrich II. Perugia Krieg angedroht; aber es kam nicht so weit, und am 1. November fiel er in Sizilien ein. Am 4. November hielt Otto IV. seinen triumphalen Einzug in Assisi, bevor er das Kommando über den Sizilien-Krieg übernahm. Zu dieser Zeit hatte Franziskus die Perspektiven der *Kommune* ausreichend erkannt und aus den Idealen seiner Bruderschaft ausgesiebt, und er sandte einen Bruder, um Otto an die Vergänglichkeit weltlichen Ruhmes zu erinnern (1C 43). Fünf Tage später, am 9. November, versammelten sich die Bewohner Assisis, um ihren Friedensvertrag mit Perugia abzuschließen.

SOZIALE VERBINDUNGEN

Zu der anwesenden Menge der Adligen gehörte Leonardo di Ghislerio, der sich später Franziskus anschloss und dessen Tochter Filippa eine Freundin Klaras und ihre Schwester im Herrn war. Ebenfalls anwesend war Tancredi di Ugone, der sich als einer der ersten *maiores* der *Kommune* anschloss. Er besaß viel Land zwischen Sant'Angelo di Panzo und dem Rigo Secco, der hinter San Damiano nach Rivotorto hinunterläuft. Dieses Land wurde später von Pietro Bernardone aufgekauft, und es ist schon seltsam, sich vorzustellen, dass Franziskus' Vater als Landbesitzer Klaras Nachbar in San Damiano war. Wichtiger für uns jedoch ist die Tatsache, dass Tancredi der Großvater von Sr. Benedetta war, die später Klara als Äbtissin in San Damiano folgte. Benedetta war es, die 1260–63 den Umzug der Gemeinschaft in ihre neue Niederlassung innerhalb der Stadtmauern überwachte und eine Schlüsselrolle in den Verhandlungen mit den Kanonikern von San Rufino spielte. Es kann sein, dass Benedetta auch Bonaventura kannte, da sie Äbtissin war, als er 1260, nachdem er mit Bruder Leo über Klara und ihre Spiritualität gesprochen hatte, seinen Brief an die Armen Schwestern in San Damiano schrieb. Er erzählt uns selbst, dass er, als er Generalminister wurde, nichts über Klara wusste und zu Br. Leo ging, um sich informieren zu lassen, möglicherweise um die Zeit, als er auf La Verna war und das *Itinerarium* schrieb.

Benedetta war wie Klara ein Kind der Zeit des Friedensvertrages von 1210 und sie – wie wir alle – waren geprägt von ihrer Zeit. Zweifellos enthielt der Frieden von 1210 einige Klauseln bezüglich gegenseitiger Unterstützung und Hilfe, was oberflächlich betrachtet Franziskus' eigene sich entwickelnde Ideale positiv beeinflusst zu haben scheint. Wie dem auch sei, bei näherem Hinsehen entdeckt man die Eigeninteressen, die die Vision der *Kommune* untermauerten. Dagegen steht die Selbsthingabe, die Klara und Franziskus bei ihrem Aufbruch motivierte, um mutig den Fußspuren Jesu Christi zu folgen. Es gab viele Bereiche, in denen die frühen Franziskaner sich gegen die herrschende Kultur stellten. Darin lag viel von ihrer Anziehungskraft auf die jungen *maiores* von Assisi, ermüdet von Krieg und Furcht und Plünderung. Es war auch anziehend für die jungen *minores*, ebenso ermüdet von Ungerechtigkeit, Ungleichheit und Ausbeutung. Das Ergebnis war eine ganz neue soziale Mischung in der neuen Gemeinschaft, die bis zu einem gewissen Grad die Mischung von *maiores* und *minores* in der *Kommune* widerzuspiegeln scheint, allerdings auf völlig andere Weise.

Franziskus' frühe Jahre im Dienst Gottes waren erfüllt von der wachsenden Umsetzung des Vorhabens, zu dem der Herr ihn gerufen hatte, und seine Theologie von dem, was er bald Bruderschaft oder *fraternitas* nannte, entwickelte sich schnell.

»UNSER VATER IM HIMMEL«

Als Franziskus sich auf der Piazza bei Santa Maria Maggiore in Assisi von allem löste und dann vor der ganzen Stadt sagte: Von nun an will ich sagen »Unser Vater im Himmel«, gab er fast intuitiv zu erkennen, was das Thema seines Lebens, Betens und Denkens werden sollte.

Sein Vater war Gott, der Vater unseres Herrn Jesu Christi, das Fleisch gewordene Wort. Das Werkzeug, das Jesus Christus zum Bruder von Franziskus und allen anderen machte, war Maria, die Mutter Gottes. Franziskus sah, dass jeder Bruder, ja jeder Mensch in derselben Beziehung zum Vater stand und dass sie alle diese selbe Beziehung zu Jesus Christus, ihrem Bruder, teilten. Später erweitete er diesen Blick auf alle Kreatur und schließlich auf unsere Schwester Mutter Erde selbst, von der wir immer noch so viel zu lernen haben.

Als die junge, aristokratische Klara begann, sich mit Franziskus zu treffen und mit ihm zu sprechen, sah sie in diesem armen, aber strahlenden Bruder die Botschaft des Evangeliums inkarniert. Franziskus hatte die Krustenbildungen einer nicht immer auferbauenden Kirche durchbrochen und wie Maria das Wort Gottes gehört, in seinem Herzen bewahrt und es erwogen. Weil er selbst jemand war, der sich vom Vater gerufen erfuhr und eingeladen in die wahre Sohnschaft, wusste er, wie er Klara dazu befähigen konnte, das Wort Gottes zu hören und es zu bewahren. Sie erzählt es uns selbst und dass sie am Ende ihres Lebens sagen konnte: *Nachdem ich die Gnade meines Herrn Jesus Christus durch seinen Diener Franziskus ein für allemal erkannt habe, ist mir keine Pein beschwerlich, keine Buße hart, keine Krankheit drückend* (LebKl n.44). Wie Franziskus aus Produktivität und Jagd nach Reichtum ausgestiegen war, so stieg sie aus Privilegien und Macht aus und ging nach San Paolo als eine der *viles*, eine jener, die weder Macht noch Privilegien haben. Sie forderte nicht einmal das Asylrecht, oder zumindest gibt es keinen Beweis dafür, noch einen Beweis, dass es ihr gewährt worden wäre, außer dass es die Familie von physischer Gewalt zurückhielt, weil sie wussten, dass auf Gewaltakte in einem Heiligtum automatisch Exkommunikation folgte. So hatte Klara ihren ersten Berührungspunkt mit der Erfahrung von Machtlosigkeit – und damit begann ihr Leben als Schwester aller anderen machtlosen Menschen ihrer Gesellschaft.

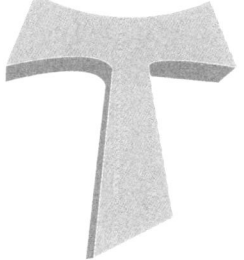

Wir können sicher sein, dass unter den Randexistenzen sich Neuigkeiten schnell verbreiteten, und es war kein Wunder, dass die Armen bald einen Pfad nach San Damiano ausgetreten hatten, um zu sehen, wo jemand sich so dramatisch als eine der ihren gezeigt hatte, und dies aus keinem anderen Grund als Liebe.

SCHWESTERNSCHAFT

Einmal niedergelassen in San Damiano, wo ihre Seele Frieden fand (LebKl n.10), erkundete Klara nach und nach alle Verästelungen des Schwesterseins. Dies war, und ist noch heute, die stolzeste Definition ihrer Berufung. Der Herr der Herrlichkeit wurde unser Bruder, sie, seinen Fußspuren folgend, wurde eine Schwester aller, die er liebt – und wer ist davon ausgeschlossen? Wenn wir den Heiligsprechungsprozess und die Legende lesen, geht uns auf, wie dieses Ideal in die Praxis umgesetzt wurde.

Wir fangen auch an zu verstehen, dass sie in einer Welt lebte, die weit weniger Angst vor der menschlichen Natur zeigte und in vieler Hinsicht weit mehr die Begrenzungen dieser Natur akzeptierte, als wir unsere akzeptieren. Wir können auch sehen, wie die frohe Annahme der Menschheit Christi und aller Konsequenzen Klaras Spiritualität formte – für ihre Haltung zum Körper, zu menschlicher Zuneigung und zu ihrer begrenzten Menschlichkeit mit all ihren Schmerzen und Kämpfen.

NAHE FREUNDINNEN

Jenen von uns, die erzogen wurden in einer recht ängstlichen Spiritualität mit ihrer Betonung auf der Vermeidung von Sünde oder Gelegenheit zur Sünde und von allem, was einer »Partikularfreundschaft« ähnelt, kann der Heiligsprechungsprozess einige Überraschungen bieten. Wenn wir den Text durchlesen, wird ganz klar, dass Klara einigen Schwestern näherstand als anderen. Sie hatte gewiss nahe Freundinnen.

Filippa und Benedetta, die sie als kleines Mädchen im Exil in Perugia getroffen hatte, waren sicher unter ihnen. Sr. Pacifica, die Gefährtin der Pilgerreise ihrer Mutter, war eine andere. Pacifica scheint altersmäßig zwischen Klara und Ortulana gewesen zu sein, so dass ihre Freundschaft die Generationen überbrückte. Wir sehen, dass Pacifica versuchte, Klaras extremes Fasten (ProKl 1,7) zu zügeln, und eine Verantwortung fühlte, weil sie sie von Kindheit an gekannt hatte und eine Freundin von Klaras Mutter war.

JEDE EINZELNE:
GESCHENK DES HIMMLISCHEN VATERS

Wovor Klara die Äbtissin in der Lebensform warnt, ist Günstlingswirtschaft, eben nicht mehr von der Grundüberzeugung her zu handeln, dass jede und jeder von gleicher Wichtigkeit und gleichem Wert ist. Klaras Blick auf ihre Schwestern war: Jede einzelne kam als ein Geschenk des himmlischen Vaters zu ihr. Ihre Aufgabe und ihre Freude bestand darin, jede einzelne zu verstehen und alles zu tun, was sie konnte, sie zu befähigen, der Mensch zu werden, zu der der Vater sie geschaffen hatte. Freundschaften und auch Bevorzugungen brauchen dieser Überzeugung nicht zu widersprechen, sondern können nur die einfache Anerkennung der allseits bekannten Tatsache sein, dass Menschen unterschiedlich sind und einige kompatibler als andere. Wenn wir einmal ganz realistisch über Klaras Leben nachdenken, das sie in dieser Gemeinschaft lebte: Da muss es eine ganze Reihe von Gründen gegeben haben, warum Schwestern sich zunächst anschlossen, dann blieben und ihr folgten, ihr Unterstützung, Respekt und tiefe Zuneigung schenkten. Da muss es schließlich einige gegeben haben, die mehr um Franziskus' oder Klaras willen hinzugekommen sind, als weil sie glaubten, durch göttliche Eingebung gerufen zu sein.

Wenn auch Statistiken nicht die ideale Annäherung an eine charismatische Vision sind, zeigen sie uns doch etwas Interessantes. Zum Beispiel finden wir, dass Klara im Gesamt ihrer Schriften das Wort *soror (Schwester)* etwa 105 Mal (einschließlich jene Male, wo sie es als Titel benutzt) gebraucht. Das Wort *fraternitas* andererseits, ein Wort, das Franziskus verwendet, um die Gesamtheit der Brüder zu benennen, gebraucht sie überhaupt nicht, selbst wenn im Lateinischen wie heute im Italienischen es nicht die maskuline Konnotation hat, die es im modernen Englisch und im Deutschen hat. Man könnte erwarten, dass Klara es in derselben Weise wie Franziskus gebrauchen würde, oder das Wort, das heute im Leben der Armen Klarissen sehr viel gebräuchlicher ist: *communitas*, Gemeinschaft. Wieder lägen wir falsch, denn sie gebraucht *communitas* nur einmal, und zwar im vierten Kapitel der Lebensform, wo sie sagt, dass die Äbtissin *communitatem servet in omnibus* (KlReg 4,13)

Communitas meint die Gemeinschaft, die Gruppe, die Gefährtenschaft, ein kollektives Wort für Menschen, die zueinander in Beziehung stehen. Die Zweideutigkeit – oder die reiche Bedeutungsvielfalt – kommt mit dem Wort *servire*, was grundsätzlich bedeutet: zu etwas dienen oder bei jemandem in Dienst sein; die Äbtissin ist in Dienst bei den Schwestern, sie dient ihnen. Es gibt jedoch umfassende Bedeutungen, verbunden mit dem Dienst der Bewahrung. So wäre es ganz legitim, dies in verschiedenen Weisen zu übersetzen, also dass die Äbtissin der Gemeinschaft in jeder Hinsicht dient und/oder sie bewahrt, und auch, dass sie das Gemeinschaftsleben in allem überwacht/bewahrt.

Der französische Text der Schriften Klaras übersetzt es als *Qu'elle sauvegarde en tout la vie Comune*, dass sie in allem das gemeinschaftliche Leben schützt. Das Italienische hat eine leicht andere Nuance und sagt: *Serva in ogni modo alla communità*, sie soll in jeder Weise der Gemeinschaft dienen. Wir dürfen gewiss sein, dass Klara sich dieser Nuancen bewusst war (denn sie sind eher Nuancen als Zweideutigkeiten), obwohl es keine Möglichkeit zu geben scheint, diese Passage mit den Zweideutigkeiten des Lateinischen zu übersetzen. Das Wort *communitas*, Gemeinschaft, wird in Dokumenten, die sich auf franziskanisches Leben in dieser frühen Zeit beziehen, sehr wenig verwendet. Papst Gregor IX. etwa spricht in einem Brief an Agnes von Prag von der »Gemeinschaft« als dem *collegium*.

»BEWAHRE UNS IN DEINEM NAMEN«

Die volle Bedeutung von Klaras Gebrauch des Wortes *servire* kann, wie so oft, gefunden werden, wenn man ins Evangelium schaut. In seinem Hohepriesterlichen Gebet sagt Jesus zum Vater: *serva eos in nomine tuo, Pater sancte – Heiliger Vater, bewahre sie in deinem Namen* (Joh 17,11). Jegliches Bewahren, das Klara für die Schwestern ausübte, war dieselbe Art wie das Bewahren Jesu: sie für den Vater bewahren. Solch eine Deutung stützt die Verpflichtung, in den Fußspuren Jesu nachzufolgen, indem man seinem Beispiel folgt, weil Franziskus und Klara sich sehr bewusst waren, dass dies Jesu eigener Auftrag an sie war: Folge mir (mehr als: Ahme mich nach). Jesus bewahrte die Jünger im Namen des Vaters und vertraute sie dann dem Vater an, und auch Klara bewahrte die Schwester wie etwas vom Vater Anvertrautes. Sie erinnert die neugewählte Äbtissin, dass sie von dieser Aufgabe, die sie übernommen hat, Rechenschaft ablegen muss und auch in Erinnerung behalten soll, wem gegenüber diese Rechenschaft gegeben werden muss. Die *ihr anvertraute* Herde ist ihr nicht gegeben, damit sie sie ausbeute und zum eigenen Nutzen gebrauche. Sie muss Rechenschaft ablegen über ihr Verwalterinnenamt (KlReg 4,9).

Im relativ kleinen Korpus ihrer Schriften finden wir Worte wie *servus, serviens, servitium* etwa 21 Mal. Franziskus gebraucht *servus* 159 Mal, was ebenfalls die Wichtigkeit andeutet, die es für ihn hatte, und in der Regel von 1221 zitiert er (oder Caesar von Speyer) denselben Abschnitt aus dem Johannesevangelium. Zweifellos waren diese Worte prägend für Franziskus und Klara, als sie versuchten, die Vision und das Charisma, das Gott ihnen anvertraut hatte, genau zu formulieren. Sie dienten den Brüdern und Schwestern nicht aus einem Selbstverständnis ihrer eigenen Niedrigkeit oder Unwürdigkeit, auch wenn dies Dimensionen waren, die in ihrer konkreten Lebenswelt ganz real waren. Vielmehr zeigen Begriffe wie *servus*, *serviens*, *servitium* ihr Rollenverständnis von Gleichheit untereinander: Alle waren ohne Ausnahme die Kinder desselben Vaters im Himmel, sie waren hervorgekommen aus derselben Schöpferhand und in dasselbe Schicksal gerufen. Hier lagen die Wurzeln für ihr Verständnis davon, einander Geschwister zu sein.

BEZIEHUNGEN IM HEILIGEN GEIST

All diese Gedanken klingen in Klaras Prinzipien bezüglich der Berufungsunterscheidung mit, die sie für uns im zweiten Kapitel der Lebensform aufstellt. Falls, sagt sie, irgendjemand zu uns kommt und wünscht, sich uns anzuschließen, oder *dieses Leben annehmen will* (KlReg 2,1), dann ist die Aufgabe der Gemeinschaft und der ganze Zweck der gemeinschaftlichen Beratung, zu unterscheiden, ob sie durch göttliche Inspiration gekommen ist oder nicht. Der Ruf kommt vom Geist und vom Vater; dies berechtigt sie, das Leben in San Damiano oder anderswo zu leben, und beauftragt sie, Schwestern im Heiligen Geist zu sein. Wenn Klara später in der Lebensform über die Sorge spricht, die die Schwestern einander erweisen sollen, sagt sie – und es klingt hier wieder ein Echo von Franziskus – *wenn schon eine Mutter ihre leibliche Tochter liebt und nährt, mit wie viel größerer Liebe muss eine Schwester ihre geistliche Schwester lieben und nähren?* (KlReg 8,16 und BR 1,26).
Bei einer Gelegenheit schlugen die Brüder Franziskus vor, er müsse Klara besuchen, weil, so sagten sie, sie durch dieselbe göttliche Eingebung gerufen worden sei. Es gab viele weitere Gründe, die sie hätten nennen können, um ihn zu drängen, aber dies war der unwiderlegbare, auf den hin, das wussten sie, Franziskus handeln musste: Sie waren durch die-

selbe göttliche Eingebung gerufen worden. Dies hatte sie alle dazu geführt, *Vater und Mutter, Bruder und Schwester und Haus und Land zu verlassen* (Mk 10,29), um auf den Ruf des Vaters zu antworten. Dieser Ruf war für Klara mehr als Adel und Macht. Die Schmach Christi zu teilen, war größerer Reichtum als alles Vermögen ihres Clans. Und zwar nicht, weil ihr Wertesystem durcheinandergeraten war, sondern weil das Gebot, eine treue Tochter dieses Vaters zu sein, verlockender war als irgendetwas anderes in der Welt.

> Der göttliche Ruf war nicht einfach, eine Schwester zu sein, sondern eine Schwester Jesu Christi zu sein und die trinitarische Dynamik der Liebe zu teilen, die er uns offenbarte.

»GETEILTE MYSTIK«

In ihrer Suche nach den richtigen Worten, diese Einsichten und diese emotionale Verpflichtung auszudrücken, konnte Klara nichts Besseres tun, als das Wort *scror* (Schwester) zu wählen. Verstanden innerhalb des Kontextes, ein heiliges anvertrautes Gut vom Vater zu sein, ist jede im tiefsten Sinn vom gleichen Blut wie die andere. Erweitert in die eucharistische Dimension, haben sie buchstäblich miteinander das Blut geteilt, das das Leben des einzigen Sohnes trug, so dass ihre Beziehung als Schwester oder Bruder so wahr ist, wie nur etwas wahr sein kann. Dass die Schwestern in San Damiano dies in der Tiefe lebten, wird darin deutlich, dass man es eine zwischen ihnen »geteilte Mystik« nannte. Dazu gab es mehr als eine Gelegenheit; zum Beispiel, wenn eine andere Schwester sah und teilnahm an Klaras mystischer Erfahrung des Göttlichen Kindes, das sie auf ihrem Schoß sitzen sah (ProKl 9,35–37). Eine, die uns dies erzählt, ist Sr. Agnes, Tochter des Oportulo di Bernardo, des Bürgermeisters von Assisi, der mit dem Bischof stritt und durch Franziskus und das Singen des Sonnengesanges versöhnt wurde. Sie berichtet, wie sie einen *wunderschönen* dreijährigen Jungen sah, der der heiligen Klara

erschien. Als sie ängstlich betete, nicht getäuscht zu werden, hörte sie eine Stimme, die sagte: *Ich bin in ihrer Mitte* (ProKl 10,29).

Es gab eine weitere Gelegenheit, als Klara im Sterben lag und eine Schwester eine große Menge von himmlischen Freundinnen zusammen mit Maria den Raum betreten sah, die Klara mit einem wunderschönen, feinen Tuch bedeckten. Dass dies sogar dem Tribunal des Heiligsprechungsprozesses außerordentlich erschien, zeigt sich in der Nachfrage, ob die Zeugin-Schwester eingeschlafen sei, worauf sie entrüstet antwortete, dass sie wach war und es ihr gut ging (ProKl 11,29).

ZU GOTT HINGEZOGEN

Setzt man diese Szene in den weiteren Kontext von Klaras Leben, so lässt es uns sehen, dass, obwohl sie wie Franziskus sehr wenig über ihr spirituelles Leben enthüllt, es dennoch deutlich wird, dass die Unterscheidung zwischen dieser irdischen Welt und der Welt der himmlischen Dinge nicht eine feste und starre Linie war, die niemand überqueren konnte. Zumindest wurde diese Linie im Laufe ihres Lebens weniger deutlich.

Was wir überall in ihrem Leben, besonders während ihrer Zeit in San Damiano, sehen können, ist, dass Leben und Kontemplation immer näher zueinanderrückten und schließlich miteinander verschmolzen. Nicht nur dies, sondern dieses Verschmelzen war mächtig genug, andere hinter sich herzuziehen. *Zieh mich*, sagte sie im vierten Brief an Agnes von Prag, *und ich werde laufen* (4Agn 30), und genau dies geschah in San Damiano. Sie war, bereitwillig und mit Freuden, zu Gott hingezogen, und die anderen liefen mit ihr in dem *Duft Seiner Salben*. Dies ist der Gipfel, Schwester zu sein, und es war gefüllt mit der Intensität, in der sie Tochter war.

Klara lebte ihre aus dem Evangelium gewonnenen Überzeugungen bis ins Kleinste, sie entfaltete zur Gänze, was es für sie bedeutete, Tochter des allerhöchsten himmlischen Königs zu sein, gerufen zu sein durch göttliche Eingebung und im Schatten des Heiligen Geistes als Gattin gelebt zu haben, das heißt als Geliebte, die so völlig hingegeben ist, dass sie fruchtbar im Heiligen Geist ist. Es ist nicht so, dass ihr Gebet ihr Leben war oder dass ihr Leben ihr Gebet war, sondern einfach, dass es in ihrem Herzen zwischen beiden keine Unterscheidung gab. Für die anderen mag es Unterschiede gegeben haben. Wenn sie vom Gebet kam, brachte sie sein Licht mit: *Wenn sie vom Gebet zurückkam, schien ihr Gesicht noch strahlender als gewöhnlich* (ProKl 6,3)

Was so bemerkenswert an Klara erscheint, ist beides: die Klarheit ihrer ursprünglichen Erkenntnisse und die Einfachheit, mit der sie sie den ganzen Rest ihres Lebens hindurch umsetzte. Dabei ist eher ein Erforschen dessen zu erkennen, was ihr ursprünglich geschenkt war, als ein Entwicklungsprozess, der sie ständig auf Neuland führte. Immerzu war sie, in einem wörtlichen Sinn, damit beschäftigt, zu erforschen, was es bedeutete, durch den allerhöchsten himmlischen Vater inspiriert zu sein, der ihr Schwestern gab, doch in einem anderen ebenso wahren Sinn scheint sie nie etwas gesagt zu haben wie: Ich dachte gewöhnlich das, aber jetzt tue ich es nicht länger. Dennoch ist es eine vertraute menschliche Gewohnheit, unsere Meinungen zu ändern, zu verlassen, was wir früher für Überzeugungen hielten. Offensichtlich war Klaras Beziehung zu Gott vom Anfang ihrer Bekehrung an absolut fokussiert.

BEFREITES LEBEN

Durch ihren radikalen Verzicht auf Macht und Eigentum, auf all das, was das Wort *maiores* umfasst, war Klara befreit, in den schwierigen Stand der *vilitas* einzutreten, wo es keine Privilegien oder

Ausnahmen gibt, keine Protektionen oder Sicherheiten. Kein Wunder, dass Franziskus es für notwendig hielt, zu warten und zu sehen, bevor er wirklich glaubte, dass dies für sie möglich war (KlReg 6,2–4). Nachdem sie einmal darin eingetreten war, führte diese Welt der *vilitas* sie in völlige Freiheit und völliges Teilen und sie wurde, was sie in Franziskus gesehen hatte: ein wahrer Spiegel und Beispiel für uns Übrige.

DER SEHNSUCHT FOLGEN

BÉNÉDICTE COSSON

KLARISSE, CORMONTREUIL/REIMS (FRANKREICH)

Psalm 84 öffnet mir die Augen für den Weg, den die hl. Klara gegangen ist: *Mein Herz und mein Leib jauchzen ihm zu, ihm, dem lebendigen Gott. – Wohl den Menschen, die Kraft finden in dir, wenn sie sich zur Wallfahrt rüsten.* Klara ist eine Frau der Sehnsucht, die durch die Pilgerschaft ihres ganzen Lebens das wahre Antlitz des Sohnes Gottes entdeckt. Sie hört nicht auf ihn anzuschauen, zu betrachten, nachzuahmen in einem niemals zurückgenommenen Vertrauen.

Versuchen wir zu verstehen, wie Stabilität und Unterwegssein sich nicht widersprechen, sondern sich gegenseitig durchdringen und bereichern: Klara führt uns darin zu einer tieferen Gleichförmigkeit mit dem demütigen und armen Christus.

DIE KRAFT DER SEHNSUCHT

Klara brennt in dem Verlangen, sich Christus zu vermählen. Ihr Leben ist voller Glauben, eines, das seine Wurzeln tief in das Leben Christi auf den Spuren von Franziskus einsenkt. Jedes Ereignis, jeder Abschnitt ihres Lebens sind geformt durch das Evangelium. Klara schöpft reichlich aus der Quelle des Wortes Gottes. Sie ist treu, beständig, hartnäckig und ausdauernd: das Wort Gottes hört nicht auf, ihren Blick und ihr Herz mitzureißen: *Du umfängst den Schatz ... mit den*

Armen der Armut (3Agn 7). Dieser Schatz ist Christus selbst, der sich ihr im Wort und in der Eucharistie immerzu schenkt.

Was bei ihr überrascht, ist die temperamentvolle Kraft, die sie fähig macht, gegen alle Hindernisse anzukämpfen, die sie daran hindern, dem Weg zu folgen, den sie als ihren erkannt hat. Nichts kann sie dazu bringen, von ihrer Lebensentscheidung abzuweichen. Sie ist eine leidenschaftliche Frau, fest entschlossen zu lieben, Christus zu erkennen, ihm zu folgen (im Griechischen bedeutet *folgen*: Gefährte sein). Sie ist mit Christus auf dem Weg und läuft hinter ihm! Man muss nur an die Hartnäckigkeit denken, mit der sie in der Palmsonntagnacht aus ihrem Elternhaus flieht, mit ihrem Stand bricht und sich selbst aus der Gesellschaft verbannt, indem sie sich Franziskus und seinen Brüdern anschließt, die ihr von dem Glück erzählen, ganz für Christus zu leben. Klara hält gegenüber ihrer Familie stand, die Kraft ihres Gebetes entwaffnet die Gewalt der Ihren.

In San Damiano zeigt sich Klara als starke Frau angesichts jeder Gefahr, unaufhörlich ermutigt sie ihre Schwestern in der evangelischen Lebensform in Armut und Geschwisterlichkeit, was es auch immer für Prüfungen, Mangelsituationen und Krankheiten geben mag. Sie lebt eine bedingungslose Zustimmung zur Kirche, in einem unerschrockenen Kampf: Beweis des Mutes, der Intelligenz, und der Klugheit, ihre Lebensform zu verteidigen, ihre Regel. Angesichts des Todes möchte sie noch einmal Neues über Gott hören, den sie so sehr liebt! Welche Ausgeglichenheit, welche innere Festigkeit, welche Freiheit, die sich äußerlich durch ihre Freude, ihr Vertrauen, ihre Fügsamkeit gegenüber dem Geist ausdrücken!

Klara ist eine Lebendige und ergreift alle Möglichkeiten, damit ihr ganzes Leben vom Leben Christi erfüllt sei. Heiter folgt sie ihrem Weg, ohne in Verwirrung zu geraten, ohne den Frieden der Seele zu verlieren.

So viele Männer und Frauen der Bibel haben auf den Ruf Gottes geantwortet, indem sie sich auf den Weg machten wie Abraham, der Vater der Glaubenden, der hört: *Verlasse alles und geh zu dir selbst.* Sie haben ihre Sicherheiten hinter sich gelassen, um in eine große Verlassenheit aufzubrechen, in einen Abschied, ein Genommen-werden, ein maßloses Vertrauen, um auf diesen gnadenhaften Anruf zu antworten! Jesus ist, indem er das Menschsein annimmt, der Typus des Pilgers schlechthin. Geboren am Weg, hat er gelebt, ohne etwas zu haben, wo er sein Haupt hinlegen konnte. Mehrmals ist er als Pilger nach Jerusalem gegangen. Er ist seinen Jüngern auf dem Weg nach Emmaus als ein Vorübergehender erschienen! Er ist zum Himmel aufgestiegen, ohne etwas von sich zurückzulassen außer den brennenden Worten im Herzen der Menschen, die ihn als Auferstandenen erfahren haben.

Jeder Christ, jede Christin ist unterwegs. Ich will das mit einem Zitat von Enzo Bianchi (im »Brief an einen Freund«) erklären: *Auf Pilgerschaft gehen, das heißt, sein Land verlassen, sein Bei-sich-Sein, um sich einem »Woanders« zuzuwenden, das man paradoxerweise als den Ort erkennt, wo man seine Wurzeln wird finden können. Das ist tatsächlich etwas überraschend: Wenn man eine Pilgerreise unternimmt, setzt man sich in Bewegung, um die Stabilität zu finden! Denn auf dieser Reise verdoppelt sich die äußere Reise um ein inneres Wandern, das vor allem Rückkehr zu sich selber ist. Und für den Pilger ist es gerade dieser Weg zu seinem eigenen Herzen, der entscheidend ist.* Christsein beinhaltet immer, auf Gott hin entschlossen loszugehen, ohne ein Zurück, seine physischen Grenzen und seine Verletzlichkeit anzunehmen.

Und Klara – welch ein Paradox, da sie gewählt hat, 42 Jahre in San Damiano in einer sichtbaren Stabilitas zu leben! Doch in ihren Schriften sind Formulierungen des Unterwegsseins im Überfluss vorhanden: Weg – Lauf – Nachfolge – Schwung: *Sei eingedenk deines Vorsatzes und blicke wie eine zweite Rachel stets auf deinen Anfang … lass nicht ab. In raschem Lauf, mit leichtem Schritt, und ohne mit dem Fuß anzustoßen, so*

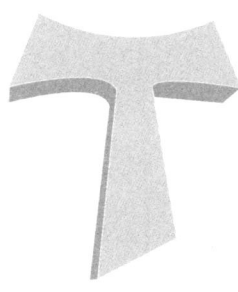

dass dein Schritt den Staub kaum mehr berührt, sicher, freudig und behänd, und zugleich achtsam sollst du schreiten auf dem Weg der Seligkeit (2Agn 11–13). Das geistliche Abenteuer Klaras und ihrer Schwestern steht im Zusammenhang mit allen Phasen des Pilgerns.

Ihre Berufung will eine Antwort sein: »Leben für Leben« – »Liebe für Liebe«. Das ist wahrhaftig der Elan ihres ganzen Seins. Klara hinterlässt uns den biblischen Ausdruck »Pilgerinnen und Fremde« in ihrer Regel (8,1–2): *Die Schwestern dürfen sich nichts aneignen, weder Haus noch Niederlassung noch irgendeine Sache. Und gleich wie Pilgerinnen und Fremde in dieser Welt, die dem Herrn in Armut und Demut dienen, mögen sie voll Vertrauen um Almosen schicken. Sich deswegen zu schämen ist nicht angebracht, weil der Herr sich für uns arm gemacht hat in dieser Welt.* Bei beiden, Klara und Franziskus, steht die Pilgerreise im Zusammenhang mit der Nachfolge des armen Christus.

Bei Klara kann man die Nachfolge Christi in der Weise der spirituellen, inneren Wanderung zeigen, die danach verlangt, durch »die enge Tür« zu gehen und das Kreuz als Wanderstab zu nehmen. Denn die Berufung Klaras entfaltet sich im gesamten österlichen Kontext – mit Christus und seiner Mutter, von der Krippe zum Kreuz. Christus in seiner Wahl der Armut ist ihr Weg des Lebens. Sie nimmt im tiefsten Innern ihrer selbst seine Erniedrigung an, seine Kenosis! Die Pilgerschaft fordert den harten Kampf, auf ihre fundamentalen menschlichen Wünsche zu verzichten, sogar auf die abgründigen: auf ihre egoistischen Neigungen der Macht, des Könnens, der Herrschaft, des Habens. Klara hat die Versuchungen kennengelernt, die jedes Herz angreifen können: *Ich ermahne die Schwestern aber und rufe sie auf im Herrn Jesus Christus, dass sie sich hüten mögen vor allem Stolz, eitler Ruhmsucht, Neid, Habsucht, den Sorgen und Kümmernissen dieser Welt, vor Ehrabschneiden und Murren, Auseinandersetzung und Entzweiung* (KlReg 10,6).

Was bedeutet es, sein ganzes Leben in einem Kloster zu leben, an einem scheinbar geschlossenen Ort? Das ist eine Vorstellung, die viele unserer Zeitgenossen verwirrt. In unserer Gemeinschaft benutzen wir nicht mehr das Wort »Klausur«, wir ziehen es vor von »Zurückgezogenheit« zu sprechen. Soll es ein Zufluchtsort sein? Eine Lebensflucht und Trennung von der Welt? Was Klara uns sagt, kann verdeutlichen, dass es um etwas anderes geht: *Ihr, geliebte Töchter … habt erwählt, in der Nachfolge der Fußspuren Christi und seiner heiligsten Mutter in klösterlicher Abgeschlossenheit zu wohnen und dem Herrn zu dienen in äußerster Armut, damit euer Dienst in der Freiheit des Geistes geschehe* (KlReg Prolog). Das ganze Dasein Klaras ist ergriffen vom Ruf Christi: Leib, Geist, Verstand, Gedächtnis, alle ihre Kräfte. Den Schwestern soll aber *aus nützlichem, vernünftigem, offenbarem und zu billigendem Grund erlaubt sein, den Klosterbereich zu verlassen* (KlReg 2,12). Klara will eine freie Frau sein, das Leben hat den Vorrang!

Notwendig für das kontemplative und das gemeinschaftliche Leben ist diese Zurückgezogenheit, vor allem für die innere Haltung des Herzens, dem Herrn und den Schwestern zugewandt zu sein: eine Beziehung der Intensität und Intimität mit Christus, der seine ganze Fülle in diesem begrenzten Raum des Klosters schenken kann.

Das Kloster ist nicht ein Ort der Trennung von der Welt, sondern der Öffnung zu unseren Schwestern und der ganzen Menschheit; es ist der Raum, in dem die Schwestern die klarianische Lebensweise verwirklichen in der Beständigkeit des Gebetes, des geschwisterlichen Lebens, des Schweigens, der Armut, des Minderseins, der Freude, der Arbeit, der sehr einfachen Dienste eines jeden Tages.

Zurückgezogenheit und Beziehung zur Welt sind zwei wichtige Dimensionen unseres klarianischen Lebens, die um der Qualität und Fruchtbarkeit unseres Lebens willen von der gemeinschaftlichen und persönlichen Unterscheidungskraft getragen sind. Das ist eine wirkliche Herausforderung, die unsere Verantwortung und unsere

Freiheit in Pflicht nimmt! Dieser Weg ist eine Gnade, die allen geschenkt ist: in einer intensiven und radikalen Weise unsere Berufung
zu leben, sich neu ganz dem Vater der Erbarmungen zu überlassen,
von dem alles Gute täglich kommt. Leben als »kleine Arme« auf den
Spuren desjenigen, der sich arm gemacht hat, um uns mit seiner
Armut reich zu machen.

MISSIONARISCH GEPRÄGTES HERZ

Alles ist Empfangen, nicht als etwas Geschuldetes, sondern als ein
unverdientes Geschenk. Das ist es, was Staunen weckt, Dankbarkeit und tiefe Freude gegenüber all denen, die uns ihre materielle und
spirituelle Unterstützung bringen. Dieser Weg ist ein Leben in Her-
zensoffenheit, reich an Beziehungen, an Begegnungen. Er führt uns
dazu, einander und uns selbst als Bettlerinnen anzunehmen, zuzustim-
men, dass wir die anderen brauchen. Pilgerinnen sein, das heißt uns tief
berühren zu lassen vom Leid der Menschen, besonders der kleinsten, der
ärmsten, mit ihnen selbst verwundbar zu werden und uns bis ins In-
nerste durch all die Ungerechtigkeiten ergreifen zu lassen, alles, was die
Verletzung der Menschenrechte betrifft. Daher ist es zwingend notwendig, uns über das Leben der Welt zu informieren.
Wie viele Zeugnisse finden wir im Heiligsprechungsprozess Klaras über
die zahlreichen Personen, die zu ihr kamen und viele Wohltaten und
sogar Heilungen empfingen! Klara war sehr darauf bedacht, diese Kontakte auch durch *die außerhalb des Klosters dienenden Schwestern* zu bewahren für jene, die sich nicht fortbewegen konnten oder nicht wagten,
es zu tun.
Klara hatte ein stark missionarisch geprägtes Herz, und zusammen mit
ihren Schwestern konnte sie zahlreiche Gründungen in Frankreich, in
Italien durchführen … (Solange ich im Kloster bin, waren wir darauf
bedacht, auf die Aufrufe der Bischöfe zu antworten, hinauszugehen zu
Gründungen, sowohl in Frankreich wie in Afrika, und diese Verbindun-

gen mit unseren Schwestern »in Missionsländern« bedeuten für uns ein großes Glück!)

HIMMLISCHE HEIMAT

Jeder Christ weiß, dass er hier keine bleibende Wohnung hat. Sein Heimatland ist der Himmel. Er ist wirklich Fremder und Reisender! Ja der Jünger des Herrn ist auf der Suche nach einem besseren Heimatland, also dem himmlischen (nach Hebr 11,14–16).
Klara ist eine Frau voller Sehnsucht nach den ewigen Gütern. Ihr Weg ist bewegt durch die große Hoffnung der Begegnung mit Ihm, den sie liebt. Ich war berührt, wie sehr ihre Briefe davon durchdrungen sind: *die Glorie der ewigen Glückseligkeit erlangen – deshalb ist euer Lohn überreich im Himmel – damit ihr ins Himmelreich eintreten könnt – das selige ewige Leben zu besitzen – damit wir zusammen mit euch uns der ewigen Anschauung erfreuen* – um nur aus dem ersten Brief an Agnes zu zitieren.
Alle guten Dinge, die sie unterwegs entdeckt, sind wie Ankündigungen, Vorbereitungen, Verheißungen der Fülle, die sie erwartet.
Klara ist auch dann Pilgerin, wo sie als Botin die Wunder Gottes bezeugt. Sie strahlt sein Licht aus! Sie scheint schon ganz konkret all das Glück des ewigen Lebens zu berühren. Auf ihrem Sterbebett preist sie den Herrn: *Du, Herr, sei gepriesen, der du mich erschaffen hast!* So nimmt sie uns mit auf unsere eigene Pilgerreise!
Zum Schluss möchte ich den Hymnus aufgreifen, den eine unserer Schwestern zum Fest der hl. Klara komponiert hat:

So viele Schätze erhellen die Güte des Vaters
so viel Freundschaft geteilt im Frieden
die fruchtbare Liebe schlägt Wurzeln in dir
machst sichtbar für uns
die Behutsamkeit des Herrn.

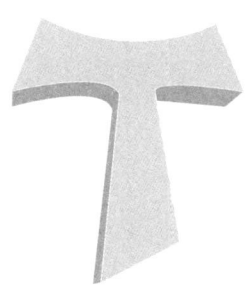

So viele Wege durchstreift auf der Suche nach der Quelle
so viel Feuereifer und Begeisterung
dein zuversichtlicher Schritt trägt uns weit
zärtlich zeigst du den Weg
der Armut des Herrn.

So viele Zeiten durchlaufen in tiefer Stille
so viel Glück dankbar empfangen
die gesäte Freude wächst in dir
dein Name bleibt eingelassen
in den Glanz des Herrn.

MICH VERWANDELN LASSEN

CHRISTINA MÜLLING

FRANZISKANERIN, SIESSEN/BAD SAULGAU (DEUTSCHLAND)

Jede Gemeinschaft – sei es eine Ordensgemeinschaft, eine Familie oder eine andere – hat eine Licht- und eine Schattenseite. War es bei Klara und ihrer Gemeinschaft auch so? Was berichten die Quellen über das Gemeinschaftsleben in San Damiano, und noch spannender: Wie ging Klara mit Konflikten um, damit sie gott-voll werden konnten?

LICHTSEITEN

Die Berichte des Heiligsprechungsprozesses schildern eine ausgeprägte Gemeinschaftsfähigkeit Klaras: *Sie liebte ihre Schwestern genauso wie sich selbst* (ProKl 4,58), war *nie aufgebracht, sondern lehrte die Schwestern mit großer Sanftmut und viel Wohlwollen* und tadelte, wenn nötig, *nur behutsam* (ProKl 4,12–13). Sie wusch den Schwestern die Füße deckte sie bei Nacht zu, und gab denen, die einen schlechteren Mantel als sie hatten, ihren eigenen. Immer wieder wird betont, welch großes Mitleid sie mit den Kranken hatte, dass sie sie heilte und eigenhändig die verdreckten Krankenstühle wusch (ProKl 6,24). Wenn sie *eine Schwester unter einer Not leiden sah, rief sie sie unauffällig zu sich und tröstete sie unter Tränen* (ProKl 10,12). *Sie hatte tiefes Mitgefühl mit allen Geplagten, sie war gütig und großzügig gegenüber allen Schwestern. Ihre ganze Lebensweise gründete in Gott* (ProKl 11,40–41).

Durch dieses Vorbild Klaras war das Gemeinschaftsideal in San Damiano sehr hoch gesteckt. Nach den Schilderungen der Schwestern zeichnet sich beinahe das Bild einer Idealgemeinschaft ab: Liebe, Freude, Harmonie? An diesem kargen Ort, an dem an allem Mangel herrschte, musste die Gemeinschaft ein Ort der Beheimatung sein. Doch gab es dort wirklich nur Licht- und gar keine Schattenseiten?

SCHATTENSEITEN

Um der Wirklichkeit näherzukommen, muss man zwischen den Zeilen lesen. Ein Blick in Klaras Regel und in die Lebensbeschreibung des Thomas von Celano offenbart etwas von dem unterschwelligen Konfliktpotential. In der Regel wird die Äbtissin gebeten, sich von persönlichen Freundschaften freizuhalten, um der Gemeinschaft kein Ärgernis zu bereiten (KlReg 4,10). In der Lebensbeschreibung wird diese Mahnung im Hinblick auf die Liebe zu leiblichen Verwandten erweitert (LebKl n.36). Die ersten Schwestern Klaras waren enge Verwandte und vertraute Freundinnen. Sie waren ihr sicher näher als Schwestern, die erst später dazu gestoßen waren. Gab es ein eifersüchtiges Wachen darüber, wer wie viel Zuneigung von Klara bekam? Der Weg von einer verwandtschaftlich geprägten zu einer geistlichen Gemeinschaft war ein Lernweg, der sicher durch einige Konflikte hindurchging.

In ihrer Regel richtet Klara einmal auch den Blick auf Schwestern, die gegen die Lebensform verstoßen und Anlass zu Zorn und Aufregung gegeben haben (KlReg 9,1–5). Klara ermahnt alle, *sich vor allem Stolz, eitler Ruhmsucht, Neid, Habsucht, den Sorgen und Kümmernissen dieser Welt, vor Ehrabschneiden und Murren, Auseinandersetzung und Entzweiung zu hüten* (KlReg 10,6). Damit die Äbtissin ihren Dienst nicht als beschwerliche und bittere Last erfährt, bittet sie die Schwestern, ihr das Amt durch ein verantwortetes Leben leichter zu machen (KlTest 69–70). Die Äbtissin *soll die Niedergeschlagenen trösten und letzte Zuflucht für die Angefochtenen sein,* damit *die Krankheit der Verzweiflung bei den Schwachen nicht die Oberhand gewinnen kann* (KlReg 4,11–12).

Auch das Leben mit verschiedenen Krankheiten und die aufreibende Krankenpflege boten augenscheinlich ein Konfliktfeld, das Franziskus in seinem Trostlied für die Schwestern aufgegriffen hat: *Jene, die von Krankheit beschwert sind, und die anderen, die sich für sie abmühen: Ihr alle harret aus in Frieden* (MahnKl). Offensichtlich war das Gemeinschaftsleben in San Damiano nicht so harmonisch und idyllisch, wie es auf den ersten Blick erscheint. Wie aber konnte ihre Leidensseite in eine Auferstehungsgemeinschaft verwandelt werden?

WANDLUNG DURCH DAS KREUZ

In ihren Briefen an die heilige Agnes von Prag gibt Klara Hinweise, die uns auch heute helfen können, an Konflikten nicht zu scheitern, sondern zu wachsen. Nur drei davon, die mir selber wichtig geworden sind, sollen hier aufgeführt werden.

In ihrem letzten Brief lädt Klara Agnes ein, jeden Tag in den Spiegel zu schauen, mit der Intention, Christus ähnlich zu werden (4Agn 15–23): *In diesen Spiegel schaue täglich … und spiegle stets in ihm dein Angesicht, auf dass du dich so gänzlich innerlich und äußerlich schmückst … mit den Blumen und Gewändern aller Tugenden …* In diesem Spiegel betrachtet Klara die *selige Armut* Jesu, der sich in seiner Menschwerdung aller Macht entäußert und die Armut angenommen hat, die *heilige Demut,* die Entbehrungen und Mühen nicht gescheut hat, und die unaussprechliche Liebe, mit der Jesus sein Leben für uns hingegeben hat. Dieser tägliche Blick in den Spiegel Jesu, sei es in der Betrachtung des Kreuzes und Leidens Jesu oder in der Meditation des Evangeliums, erfüllt drei Funktionen:

Er stellt mir das Bild vor Augen, das Gott sich von mir gedacht hat und auf das hin ich unterwegs bin.

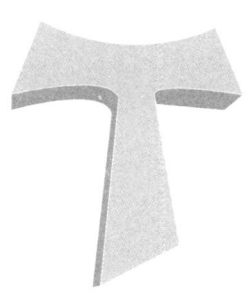

Er gibt im Leiden Jesu meinem eigenen Leiden einen Ort, wo es geborgen ist und zur Auferstehung finden kann.

In ihm darf ich mit dem liebevollen Blick Jesu auf meine eigenen Unfähigkeiten und Blockaden schauen, sie annehmen und ihm zur Wandlung hinhalten.

Jesus lädt mich ein, mich mit ihm immer wieder für das »Trotzdem« der Liebe zu entscheiden – trotz meiner Armut und Ohnmacht, trotz der Verletzung, trotz der Enttäuschung –, wieder die Liebe, die Beziehung, die Hingabe zu wagen.

VERWANDLUNG DES HERZENS

Dieser Verwandlung in das Bild Gottes hinein dient auch folgender Rat Klaras: *Stelle dein Denken vor den Spiegel der Ewigkeit, stelle deine Seele in den Glanz der Glorie, stelle dein Herz vor das Bild der göttlichen Wesenheit und forme deine ganze Person durch die Beschauung in das Bild seiner Gottheit um* (3Agn 12–13). Im Gebet stelle ich meine Gedanken, Worte und Werke vor Gott. Ich stelle meine Seele mit all ihren Dunkelheiten in das Licht Jesu und bitte ihn, Sein Licht in sie hineinfallen zu lassen. Ich stelle mein Herz in die Gestalt der göttlichen Wesenheit, die Liebe ist, und bitte Gott, dass er mich mit Seiner Liebe durchdringt und meine kleine Liebe in seiner großen Liebe wachsen lässt. Im Licht Seiner Liebe schaue ich dann auf die Menschen, mit denen ich lebe, auf meine Lebenssituation, auf die Welt.

Letztlich findet die Verwandlung des Herzens ihren Ort in der Eucharistie. Klara war so von der Eucharistie geprägt, dass man ihr als Erkennungszeichen die Monstranz in die Hand gegeben hat. In die Wandlung von Brot und Wein dürfen wir unsere wandlungsbedürftigen Anteile hineingeben: unsere Verletzungen und Unversöhntheiten, unsere be-

grenzte Liebesfähigkeit und Gebrochenheit, unseren Widerwillen ...
Nur Gott kann unsere Herzen verwandeln. Nur er kann uns den Frieden
schenken, den die Menschen nicht geben können.

Im beständigen Beheimatet-Sein im Dreifaltigen Gott, der die Quelle
der Liebe ist, zu der wir Zugang bekommen durch das Evangelium, die
Leidensbetrachtung, das Gebet und die Eucharistie, werden wir verwandelt in Sein Bild. Vielleicht ist es das, was Klara und ihre Schwestern
erlebt haben und was ihre Gemeinschaft schließlich zu einer Auferstehungsgemeinschaft geformt hat.

Kreuz auf La Verna

ALLES AUF EINE KARTE SETZEN

KATHARINA GANZ

FRANZISKANERIN, OBERZELL (DEUTSCHLAND)

Beim diesjährigen Pilgern auf dem Jakobsweg habe ich wieder einmal Tarot gespielt. Das ist ein beliebtes französisches Kartenspiel, bei dem es darum geht, möglichst viele und hohe Stiche zu machen. Wer allein nicht über genügend hohe Karten verfügt, kann den König einer anderen Farbe rufen und bildet dann mit dem oder der Mitspieler/in, der oder die diesen König auf der Hand hat, ein Team. Alle Spieler/innen müssen Farbe bekennen. Nur wer nicht über ein Herz, Karo, Pik oder Kreuz verfügt, muss versuchen, mit einem Trumpf – französisch »atout« genannt – zu stechen. Es gibt 21 Atouts. Wer den kleinsten Trumpf mit der Zahl 1 bekommt, kann versuchen, diese Karte bis zuletzt auf der Hand zu halten. Gelingt es, sie am Schluss zu spielen, bekommt man zusätzliche Punkte. Gleichzeitig besteht das Risiko, dass ein/e Mitspieler/in noch einen Trumpf mit höherer Punktzahl besitzt, dann ist die Chance vertan und der »Kleine« verloren.

MUT ZUM GOTTVERTRAUEN

Ich lernte das Tarotspielen als Missionarin auf Zeit in der Zentralafrikanischen Republik kennen. Während eines Aufenthaltes im »Herz-Afrika-Land« fiel meine innere Entscheidung für ein Leben in der Nachfolge Jesu. Als Anfang 20-Jährige hatte ich in dem armen Land existentielle Erfahrungen gemacht: Ich fühlte mich der fremden Kultur und Sprache ausgesetzt, war ausgeliefert an Naturgewalten und Krankheiten, ohnmächtig angesichts von Hunger, Elend, Kinder-, Müttersterblichkeit und Aids; getrennt von eigener Familie, Freunden und Freundinnen, sozial angewiesen auf Annahme und Gastfreundschaft. Nicht zuletzt brachte mich diese Zeit mit religiösen Fragen in Berührung: Wie sollte mein Leben weitergehen? Welchen Sinn sollte ich ihm geben? Wie und für wen meine Kräfte und Fähigkeiten einsetzen? Ich erlebte Missionare und Missionarinnen, die mit tiefem Gottvertrauen, gestärkt durch die Gemeinschaft, in einem der ärmsten Länder der Welt die Gegenwart Jesu Christi zu bezeugen suchten durch ihr Dasein, ihre praktische Hilfe und Glaubensverkündigung. Und ich spürte den Ruf Gottes an mich immer deutlicher. Irgendwann – an Zeit, Ort und Umstände erinnere ich mich noch genau – gab ich meinen inneren Widerstand auf und versprach in einer persönlichen Gebetszeit mein Leben Gott zu schenken. Es war mir, als würde ich alles auf eine Karte setzen. Ich hatte nicht mehr in den Händen als mein eigenes armseliges Leben. Diese Karte wollte ich spielen und wusste, dass ich damit alles gewinnen und alles verlieren könnte. Nur die Verheißungen Jesu, dass er Leben in Fülle schenkt und die nicht enttäuschen würde, die sich ihm ganz anvertrauen, ließen mich dieses Wagnis eingehen.

MUT ZUM EIGENEN LEBEN

In Klara von Assisi habe ich ein Vorbild gefunden für eine Frau, die alles wagte, ohne zu wissen, wie es ausgeht. Dabei hatte sie durchaus einige »Trümpfe« in der Hand: Sie stammte aus adeligem Haus, war gebildet, konnte lesen und schreiben, beherrschte Latein und war gewandt im Sticken, Spinnen und anderen Handarbeiten. Ihre Mutter war nach Rom und Jerusalem gepilgert, hatte sicher zuhause von ihren Erfahrungen erzählt und die Töchter in der Liebe zu Gott und den Armen unterrichtet. Vom Elternhaus aus hörte Klara Franziskus auf dem Domplatz predigen. Sie bewies Mut, als sie anfing sich mit dem Bürgersohn heimlich zu treffen. In einer Nacht-und-Nebel-Aktion verließ sie schließlich durch den Hintereingang ihr Elternhaus, um sich Franz und den Minderen Brüdern in Portiunkula anzuschließen. Vermutlich nahm sie niemanden mit. Ihre Hausgenossin und Vertraute Bona befand sich auf einer Pilgerreise. Alleine wuchsen ihr scheinbar übernatürliche Kräfte zu, um die Hindernisse, die ihr den Weg versperrten, zu beseitigen. Als Klara dann von Franziskus in die Benediktinerinnenabtei San Paolo gebracht worden war, versuchten ihre Verwandten – allen voran der einflussreiche Onkel Monaldo – sie von ihrem Entschluss abzubringen. Klara klammerte sich an den Altar und nahm ihre Zuflucht zu Jesus Christus.

Dieser Form des Kirchenasyls konnten sich auch die Familienpatriarchen nicht widersetzen. Klaras jüngere Schwester Agnes wagte ebenfalls das Äußerste. Gut zwei Wochen nach Klaras Flucht verließ auch sie das Elternhaus und schlug sich zu Klara durch. Ihr Entschluss war fest, ihr Wille eisern. Wie es auf dem Tafelbild von 1283 dargestellt ist, machte sich Agnes so schwer, dass nicht einmal mehrere Männer sie wegtragen konnten.

MUT ZUR UNGESICHERTHEIT

Aus eigener Kraft hätten Klara, ihre Schwester und die Freundinnen, die sich ihnen bald anschlossen, es sicher nicht vermocht, ein radikal neues Leben in völliger Armut und Ungesichertheit zu beginnen. Allein Jesus Christus war der »Herzkönig«, dem sie ihr Spiel anvertrauten. Immer wieder betrachteten sie die »Karten« seines Lebens und studierten seine »Spielzüge«: sein Herabsteigen in die Armut der Krippe an seinem Lebensbeginn, seine Leiden und Mühsale während seines irdischen Wirkens und seine Schmerzen und Ängste am Kreuz und im Tod. Klara lehrte ihre Schwestern, dieses Evangelium zu lesen, darüber nachzudenken, es zu betrachten und zu beschauen, um wie Jesus arm und demütig, klein und nackt zu werden. Nicht nach dem großen Gewinn zu streben, lautete die Devise, sondern die kleinste »Nummer« zu werden, damit Gott seine armselige Kreatur verwandeln konnte.

Dabei ist der Mut Klaras nicht zu verwechseln mit Heldinnenmut Die Hälfte ihres Lebens kämpfte sie für ihre Überzeugung, absolut arm leben zu dürfen und von niemand gezwungen werden zu können, Geld oder Güter annehmen zu müssen. Diese Auseinandersetzung mit Kardinälen und Päpsten begleitete sie fast 30 Jahre ihres Lebens. Nach dem Tod Franziskus' wurde Agnes von Prag ihre wichtigste »Mitspielerin« und Mitstreiterin in Sachen absoluter Armut und radikaler Christusnachfolge.

> Klaras Klugheit, Welterfahrenheit und Kenntnis, ihre Beziehungen und ihr diplomatisches Geschick setzten die beiden Frauen ein, um sich gegenüber weltlichen Königen und kirchlicher Obrigkeit nicht von ihrem eigentlichen Herrn und König abbringen zu lassen.

Denn nicht die »Könige«, »Damen«, »Reiter« und »Buben« dieser Welt und ihren Gesetzen wollten sie gehorchen, sondern einzig nach den Spielregeln Jesu Christi wollten sie leben. Für ihn setzten sie alles auf eine Karte, nachdem sie sich von allem getrennt hatten: Besitz, Erbe, Gütern, vornehmen Kleidern und Schmuck, Ansehen, Heiratschancen sowie weltlichen oder kirchlichen Bündnispartnern.
Neben dieser Seelenverbindung mit Agnes über tausende von Kilometern hinweg half Klara die Lebensgemeinschaft mit den Frauen in San Damiano, das franziskanische Armutsideal auf ihre eigene und originelle Weise umzusetzen und ihm trotz fremder Ordensregeln treu zu bleiben.

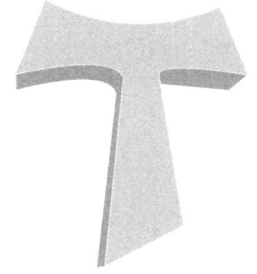

MUT ZUR SOLIDARITÄT

Dieses Prinzip, alles auf eine Karte zu setzen, treffe ich auch heute immer wieder an. Da gibt es Menschen, die bewusst und aus freiwilligem Entschluss ihrem Leben eine neue Richtung geben. Manche wollen sich eine berufliche Existenz aufbauen, sich selbständig machen, eine Firma gründen; andere gehen eine Ehe oder Partnerschaft ein oder wagen es, sich einer religiösen Gemeinschaft anzuschließen. – Häufiger begegne oder höre ich allerdings von Menschen, die keine Wahl haben und deshalb alles auf eine Karte setzen: weil ihre Ehe gescheitert ist, sie ihren Arbeitsplatz verloren haben, sie nach einer Gefängnisstrafe ein neues Leben anfangen wollen, eine Krankheit alle Lebenspläne durchkreuzt oder Naturkatastrophen, Gewalterfahrung, Krieg oder Hungersnot zur Flucht zwingen.

Gerade Menschen, die ihre Heimat verlassen (müssen), um auszuwandern und in einem fremden Land Fuß zu fassen, riskieren alles: Gesundheit, Leib und Leben. Viele lassen ihre Familie zurück, Ehepartner/in, Kinder, Eltern, Haus und Hof, um als Migrantin, Asylsuchende oder Flüchtling das nackte Überleben zu sichern. Mit leeren Händen stehen sie da. Keine/r will sie haben. Sie erleben sich als unerwünscht, ausgestoßen, in ihrer Würde verletzt.

Da braucht es Menschen wie Klara von Assisi, die freiwillig alles riskiert hat und ihre Hoffnung auf Gott setzt, um entschlossen, arm und frei an ihrer Seite zu gehen und den Mutlosen neuen Mut zuzusprechen.

Es braucht Menschen, die gegen die innerweltlichen Spielregeln verstoßen: Statt auch noch den letzten Stich zu machen, lassen sie anderen das »letzte Hemd«. Sie ergreifen solidarisch Partei für die Kleinen und Schwachen dieser Welt, denen alle Karten und Trümpfe aus der Hand genommen sind, und halten sich an Jesu Wort: »Wer sein Leben retten will, wird es verlieren, wer es aber um meinetwillen verliert, wird es retten.«

(Lk 9,24f par.)

ENTSCHIEDEN LEBEN

THOMAS DIENBERG
KAPUZINER, MÜNSTER (DEUTSCHLAND)

Er wird Euer Helfer und bester Tröster sein, so schreibt Klara der Schwester Ermentrudis von Brügge. Dieser Satz kann fast wie ein Lebensmotto für Klara und ihre Lebensform stehen. In der konsequenten Suche ihres Weges und in den Auseinandersetzungen um ihren Weg hat Klara einen langen Atem gehabt, im Wissen darum, dass ein ganz anderer, dass Gott ihr diesen Atem immer wieder schenkt. Er ist ihr Helfer, er ist ihr Tröster, er ist ihr Grund und ihre Perspektive.

Klara war eine entschiedene Frau, die schon sehr früh für das einstehen und auch kämpfen musste, was ihr wichtig war. Gleich zu Beginn ihrer Entscheidung für ein Leben in radikaler Armut kämpft sie mit ihren Verwandten um ihren Weg. *Stürmische Gewalt, giftige Ratschläge, schmeichlerische Versprechungen wandten sie (die Verwandten) an; sie redeten Klara zu, von solch schimpflicher Preisgabe abzustehen ... Es wuchs ihr Mut mit dem wachsenden Widerstand ihrer Verwandten, und ihre vom Unrecht gereizte Liebe steigerte ihre Kräfte. So brach ihr Mut nicht zusammen, noch ließ ihre Begeisterung nicht nach ... Nach einigen Tagen ging sie zur Kirche S. Angelo di Panzo hinüber. Weil aber dort ihre Seele nicht vollkommen zur Ruhe kam, zog sie endlich auf den Rat des seligen Franziskus zum Kirchlein S. Damiano. Dort warf sie den Anker ihrer Seele gleichsam auf sicheren Grund; sie schwankte ferner nicht mehr hin und her im Wechsel ihres Aufenthaltes, noch hatte sie Bedenken ob der Einschränkung, auch schreckte sie vor der Einsamkeit nicht zurück* (LebKl n.9).

Diese Beschreibung, wie die Verwandten der Heiligen sich nicht mit ihrer Entscheidung anfreunden konnten und wollten, bringt sehr deutlich die Entschiedenheit Klaras zum Ausdruck. Sie haben ihr nachgestellt. Sie haben mit allen Mitteln versucht, sie von ihrem Wege abzubringen. Aber je mehr sie es versuchten, umso stärker wurde Klara in ihrer Überzeugung, diesen von ihr eingeschlagenen Weg in aller Konsequenz und Radikalität gehen zu müssen. Fast schon bockig wie ein kleines Kind: ›Jetzt erst recht‹, so könnte man diese Haltung auch umschreiben. Schon vorher hat Klara entschieden das gelebt, was ihr wichtig war: die Liebe zu den Armen, indem sie ihnen immer wieder Almosen gibt. Sie geht ihren Weg der Armut, indem sie alles entschieden hinter sich lässt und nichts mit auf den Weg nimmt. Ihr Erbe verkauft sie.

Totale Ungesichertheit heißt Klaras Lebensprogramm! Entschieden, ohne wenn und aber!

So wie ihr Weg in der Franziskanischen Bewegung begann, so setzte er sich fort. Als Frau, als kontemplativ lebende Frau waren ihr viele Wege in der damaligen Zeit verschlossen. Es konnte eigentlich auch nicht angehen, dass sie in radikaler Armut lebte. Das war für die Frauenorden undenkbar. Doch nicht für Klara. In aller Entschiedenheit setzt sie sich dafür ein, bis der Papst schließlich die gleiche Erfahrung wie ihre Verwandten machen muss: Klara setzt ihren Willen durch, in Beharrlichkeit und Entschlossenheit. Die Armut ist nicht einfach nur ein Lebensprinzip oder ein Privileg, das sie erkämpft hat. Sie ist für Klara die Herrin Armut, die sie bedingungslos liebt (KlTest 39). Arm will sie den armen Christus umarmen (2Agn 18).

URSPRUNG UND ZIEL

Um entschieden zu sein, benötige ich klare Visionen, klare Perspektiven und etwas, an das ich glaube. Entscheidend dabei ist dann die

Quelle, aus der ich tanke und die mich auf meinem Weg nährt, belebt und auch prägt. Habe ich eine solche Quelle? Welche? Klara hat diese Quelle gehabt. Sie ist für ihr Leben so wichtig, dass sie sich entscheidet, möglichst nah und intensiv aus dieser Quelle heraus zu leben: Gott, den sie in der Gemeinschaft der Schwestern, im Dienst an den Schwestern, so krank sie auch gewesen sein mag, entdeckt. Er ist ihr *Helfer und bester Tröster* Gott begegnet ihr in der Eucharistie und schenkt ihr von dort Leben und Trost. Er begegnet ihr im Wort Gottes, im Evangelium. Sie findet ihn in der Abgeschiedenheit und der Einsamkeit der Klausur, in einem kontemplativen Leben, das sie zu einer Andacht zur Wirklichkeit, der Welt, vor dem Wirklichen, Gott, führt. Klara hat ihre Orte der Begegnung mit Gott und darin wird sie als ein Mensch mit einem klaren Profil erlebt.

Es gilt: Entschiedenheit führt dazu, dass ich als jemand mit Profil erlebt werde. Und was sind meine Orte der Kontemplation und Begegnung mit Gott in der Welt?

Genau das kann aber auch Angst auslösen, bei anderen und bei mir selbst. Klara hat sicherlich ihre Fragen und Zweifel gehabt: Ist der Weg wirklich der Richtige, auch wenn ich mich so klar entschieden habe? Sie hat zu Beginn immer wieder um Frauen und Schwestern gebetet, die sie auf ihrem Weg begleiten sollten. Die Angst, allein zu bleiben, treibt sie um. Der lange Kampf um das Privileg der Armut, die so klare und einengende Rolle, die kontemplativen Frauen in der damaligen Kirche zugeschrieben wurde, auch so manche Dissonanzen mit Franziskus werden sie nicht unberührt gelassen haben. Er beargwöhnt ihren Kampf für die Armut, ihr strenges Fasten, und warnt die Brüder vor jeglicher Form zu großer Nähe zu den Schwestern.

KEHRSEITE DER ANGST

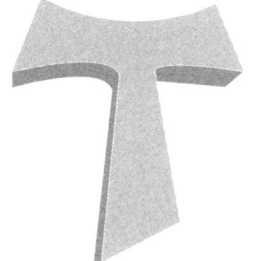

Angst gehört zur Entschiedenheit hinzu. Ein Mensch ohne Zweifel, ohne Fragen und ohne Angst ist wie ein Stein, von dem nicht Klarheit und Stärke ausgehen. Vielmehr löst solch ein Mensch Angst und

Beklemmung aus. Wenngleich Angst nicht immer ein guter Ratgeber ist, so ist Angst doch ein Lebensgefühl, das zu einem geistlichen Leben dazugehört. Wichtig ist es dann, diese Angst in einen größeren Kontext zu stellen. Den Ort aufzusuchen, der mir Freude, Zuversicht und Mut gibt, und dort Zuflucht zu nehmen. Nicht ich muss alles machen, es geht jemand mit, es führt mich jemand. Klara hat das deutlich gespürt, und sie betont es immer wieder, so auch im eingangs zitierten Brief an Ermentrudis von Brügge: *Fürchte Dich nicht, meine Tochter, der in all seinen Worten getreue und in all seinen Werken heilige Gott wird über Dich und über Deine Töchter seinen Segen ausgießen* (Ermen 15).

Angst ist nicht die dunkle Seite der Entschiedenheit. Angst ist ihr Partner, der sie manchmal zu zügeln weiß und auf den verweist, bei dem alle Angst aufgehoben ist. *Er wird Euer Helfer und bester Tröster sein.*

Tod der hl. Klara
Tafelbild der hl. Klara
(1283, Detail),
Basilika S. Chiara, Assisi

ZUM GANZEN FINDEN

MARIANNE JUNGBLUTH

FRANZISKANERIN VON DER HEILIGEN FAMILIE
(BELGIEN/DEUTSCHLAND)

»Herr, schicke mir Menschen, die unterwegs sind zu Dir, denen ich Weggefährte sein kann.« Ein Bild von Assisi mit dieser Bitte hat jahrelang eine Wand meines Zimmers geschmückt – bis zu meiner Aussendung in den Nordosten von Zaire (heute Demokratische Republik Kongo) im Jahr 1989, wo mir neben meiner Aufgabe als Konventsoberin und Junioratsleiterin unserer einheimischen Schwestern eine Neugründung im 700 km entfernten Goma aufgetragen wurde.

Das Kloster erhielt meinem Wunsch entsprechend den Namen »Couvent Sainte-Claire«. Nomen est omen. Was bewog mich im Jahr 1994 meinen neuen Lebensort nach dem Namen dieser großen, aber mir noch weitgehend unbekannten Frau zu benennen? Und was bewog mich Ja zu sagen, als ich gefragt wurde, eine Facette der Persönlichkeit dieser unvergleichlichen Frau des Mittelalters in diesem Buch aufleuchten zu lassen? Mir wurde schnell klar, dass ich den Kairos nicht verpassen durfte, mich einmal über einen längeren Zeitraum intensiv mit Klara von Assisi zu befassen, mit ihrer Botschaft für mein Leben.

H err, schenke mir Menschen, die unterwegs sind zu Dir, denen ich Weggefährtin sein kann.« Diese Worte, für mich über weite Strecken zum innigen Gebet geworden, wurden mir neu geschenkt: Klara, deren Leben sich in einem Radius von nur 30 km verwirklicht und vollendet hat, ist ihren äußeren Lebensweg nie alleine gegangen: Menschen, Frauen und Männer, haben sie auf allen Etappen geprägt und geformt; so wie sie Frauen und Männer geprägt und geformt hat. Und das mit einer Ausstrahlung, die schon zu ihren Lebzeiten weit über die Grenzen ihres Lebensortes San Damiano hinausreichte.

Ein langer Weg nach innen ließ diesen Ort zum heiligen Ort werden, zu einem Ort tiefster Begegnung mit Gott, mit der eigenen Persönlichkeit und mit den Menschen – von nah und fern. Dieser Dreiklang der Begegnung ist ein Grundzug, der sich von der frühesten Kindheit Klaras an bis in ihr Sterben hinein verfolgen lässt. Nomen est omen. Klara wusste um die Bedeutung ihres Namens, um Versprechen und Auftrag. Ihre Mutter hatte den Schwestern einst davon erzählt. *Als ihre Mutter mit ihr schwanger war,* so berichtet Sr. Filippa, *ging sie einmal zur Kirche; und als sie vor dem Kreuz stand und andächtig betete, flehte sie zu Gott, dass er ihr beistehe und ihr helfe in der Niederkunft. Da hörte sie eine Stimme, die ihr sagte: »Du wirst ein Licht gebären, dass die Welt hell erleuchten wird«* (ProKl 3,91–92).

GOTT UND MENSCH ZUGEWANDT

F aszinierend, wie diese junge Frau, die mit 18 Jahren in dunkler Nacht fluchtartig ihr Elternhaus verlassen hat, mit Mut, Kraft, Ausdauer, Beharrlichkeit, Widerstand ihrem Ruf und ihrer Sendung treu geblieben ist; wie sie Schritt für Schritt das Bild, das Gott in ihr grundgelegt hatte, entdeckt hat. Dem auf die Spur zu kommen, habe ich mich aufgemacht! Unbewusst bereits vor 30 Jahren, als mir die Persönlichkeit

Klaras während einer Franziskanischen Rüstzeit unter vielerlei Aspekten erstmals begegnet ist. In einem bemerkenswerten Referat leuchtete Reinhold Haskamp, Franziskaner und Psychologe, die menschliche und religiöse Entwicklung der heiligen Klara aus.

Behutsam und ansprechend deutete er eine Traumvision der heiligen Klara, die ihren Gefühlsreichtum offenbart und ahnen lässt, aus welcher Tiefe sie gelebt hat. Und doch sollte es Jahre dauern, bis sich mir nach und nach der tiefere Sinn erschloss und ich die für mich zündende Aussage »gleichsam wie in einem Spiegel« erkannte. Eine freie Übersetzung des Prozessberichtes brachte mich dann schlussendlich auf die richtige Fährte: *Klara erzählte, dass sie in einer Vision einmal ein Gefäß mit warmem Wasser und ein Handtuch zum heiligen Franziskus brachte. Sie stieg dabei eine hohe Treppe hinauf und tat es so leichtfüßig, als ob sie zu ebener Erde ginge. Als sie bei ihm anlangte, reichte der Heilige der Jungfrau Klara eine seiner Brustwarzen und sagte: »Komm, nimm und sauge!« … Was sie daraus sog, war unbeschreiblich süß und köstlich. Nachdem sie zweimal gesogen hatte, blieb die Rundung der Brust, woraus die Milch floss, zwischen den Lippen der seligen Klara. In ihren Händen wurde es gleichsam zu spiegelklarem, leuchtendem Gold, in dem sie sich selber sehen konnte.* (ProKl 3,93–98).

Klara selbst hat diesen Traum, der für sie äußerst delikat, kostbar und erregend gewesen sein muss, ihrer Vertrauten, Schwester Filippa, erzählt. Noch drei weitere Schwestern berichten von dieser Vision, der man offenbar eine große Bedeutung zugemessen hat, zeigt sie doch, dass sie den Mut hatte, sich in allen Bereichen der Tiefe ihres Lebens zuzuwenden.

> Klara war ganz Frau, ganz liebende Frau. Sie war eine glühende Liebhaberin des Lebens, gleichermaßen Gott und den Menschen zugewandt.

Ihr Geheimnis: Die Brustwarze des ihr seelenverwandten heiligen Franz, aus der sie *eine unbeschreibliche Süße und Köstlichkeit* sog, verwandelte sich in spiegelklares, leuchtendes Gold; in einen Spiegel, in dem sie sich selbst sehen konnte. Der Königstochter Agnes von Prag hat sie ihre Tiefenerfahrung in einem Schreiben kundgetan: *In diesen Spiegel schaue täglich, o Königin, Braut Jesu Christi, und spiegle beständig darin dein Antlitz* (4Agn 15).

SPIEGEL DER WAHRHEIT

In vielen Stunden des Tages und in langen Wachen der Nacht hat Klara betend, betrachtend, oftmals unter Tränen in diesen Spiegel geschaut. Sie hat darin das Leben und Sterben Christi, *seine selige Armut, heilige Demut und unaussprechliche Liebe geschaut* (4Agn 18). Im *Spiegel ohne Makel* (4Agn 14), dem Spiegel der Wahrheit, in den Augen Jesu, hat sie ihr eigenes Antlitz gesehen. Sie hat sich erkannt, so wie Jesus sie gesehen hat; sie hat sein Licht aufgenommen und sich in ihn verwandeln lassen. Nun lädt sie ihre Freundin Agnes, *die sie sehr liebt* (4Agn 34), ein, es ihr gleichzutun.

Klara hat keine Angst, ihre Zuneigung und Liebe den Menschen – Frauen wie Männern – kundzutun. Tief verwurzelt im Hier und Jetzt, ist sie zu einem ganzheitlichen Frausein heran gereift: Gottesliebe, Selbstliebe und Nächstenliebe sind in ihr zu einer einzigen Glut verschmolzen, die andere entflammt, ermutigt, gestärkt und geheilt hat – sowohl im Außenkreis als auch im Innenkreis.

WAS BLEIBT?

Die Einladung, Klaras Leben in seinen verschiedenen Phasen und Entwicklungen auf den Hintergrund unserer Zeit zu transportieren. Mich dabei selbst zu sehen in der Entfaltung meiner Persönlichkeit und meines Lebensentwurfes. Mein San Damiano im Hier und Jetzt als heiligen Ort, als Ort der Gottesbegegnung und der Mensch-

Abb. S. 200:
Hl. Klara
Tafelbild der hl. Klara
(1283, Detail),
Basilika S. Chiara, Assisi

werdung zu entdecken. Zeiten der Nähe zu den Menschen und Zeiten des Alleinseins und der Einsamkeit gleichermaßen zu suchen und zu pflegen.

Mich so zu lieben, wie ich »in Wahrheit« bin, um Gott und die Menschen lieben zu können. Um auch am Ende meines Lebens sagen zu können: *Du, Herr, sei gepriesen, weil du mich erschaffen hast*

(ProKl 3,74).

segen

eure seele
behaltet sie lieb
und sucht
nach der sehnsucht in ihr
gott
gehört sie
die seelen der andern
schwestern und brüder
achtet sie hoch
eure seele

MARTINA KREIDLER-KOS